OS ASTECAS
Uma breve introdução

David Carrasco

OS ASTECAS
Uma breve introdução

Tradução de Sérgio Karam

L&PM/ENCYCLOPÆDIA

Texto de acordo com a nova ortografia.
Título original: *The Aztecs: A Very Short Introduction*

Tradução: Sérgio Karam
Capa: Ivan Pinheiro Machado. *Ilustração*: iStock
Revisão: Jó Saldanha

CIP-Brasil. Catalogação na publicação
Sindicato Nacional dos Editores de Livros, RJ

C299a

    Carrasco, Davíd,
        Os astecas : uma breve introdução / Davíd Carrasco; tradução Sergio Karam. – 1. ed. – Porto Alegre [RS]: L&PM, 2023.
        200 p. : il. ; 20 cm.

        Tradução de: *The Aztecs: A Very Short Introduction*
        ISBN 978-65-5666-376-0

    1. Astecas - História. I. Karam, Sergio. II. Título.

23-84015   CDD: 972.018
                    CDU: 9(=822.21)

Gabriela Faray Ferreira Lopes - Bibliotecária - CRB-7/6643

© Copyright © 2012 by David Carrasco

Todos os direitos desta edição reservados a L&PM Editores
Rua Comendador Coruja, 314, loja 9 – Floresta – 90.220-180
Porto Alegre – RS – Brasil / Fone: 51.3225.5777

PEDIDOS & DEPTO. COMERCIAL: vendas@lpm.com.br
FALE CONOSCO: info@lpm.com.br
www.lpm.com.br

Impresso no Brasil
Inverno de 2023

Sumário

Prefácio 9

Capítulo 1
A cidade de Tenochtitlán:
o centro do mundo asteca 11

Capítulo 2
Os fundamentos astecas:
Aztlán, as cidades, os povos 32

Capítulo 3
A expansão asteca por meio
da conquista e do comércio 61

Capítulo 4
Cosmovisão e sacrifício humano 92

Capítulo 5
Mulheres e crianças:
tecelãs de vida e os preciosos colares 116

Capítulo 6
Jogos de palavras, filosofia, escultura 136

CAPÍTULO 7
A queda do império asteca 150

CAPÍTULO 8
O retorno dos astecas 164

REFERÊNCIAS BIBLIOGRÁFICAS 176

LEITURAS COMPLEMENTARES 183

LISTA DE ILUSTRAÇÕES 190

ÍNDICE REMISSIVO 192

Aos arqueólogos que escavam
o Grande Templo Asteca e a Friedrich Katz,
o primeiro a me falar da civilização asteca

Prefácio

Escrever uma breve introdução aos astecas implica fazer uma longa jornada retrospectiva através da história de mais de 2 mil anos do nascimento da vida urbana que eles herdaram e reformularam entre 1300 e 1521. Envolve fazer ajustes no uso de nomes populares como "asteca" e "Montezuma", nomes que a população que vivia na cidade de Tenochtitlán e ao redor dela nunca usou. "Asteca" é um termo derivado do náuatle que significa "povo de Aztlán", o venerado lugar de origem dos vários grupos étnicos que dominaram a Mesoamérica central no século que antecedeu a chegada dos europeus. No entanto, o povo que chamamos de asteca identificava a si mesmo por meio de termos como *mexica*, *acolhua* e *tenochca*. Deve-se à imensa popularidade do livro *The History of the Conquest of Mexico* (1843), de William H. Prescott, o fato de o termo "asteca" vir a identificar para sempre os vários grupos que constituíam o reino mexica. Neste livro, utilizo os termos "mexica" e "asteca" alternadamente, devido à popularidade do segundo e à precisão do primeiro. Os dois governantes mexicas que conhecemos por Montezuma chamavam-se, respectivamente, Motecuhzoma Ilhuicamina e Motecuhzoma Xocoyotzin. Foi este último que governou entre 1502 e 1520 e entrou para o imaginário popular dos falantes da língua inglesa e do Ocidente como o rei que dominava as "Muralhas de

Montezuma". Utilizo a versão náuatle para religar esses personagens aos seus nomes verdadeiros.

Meu muito obrigado aos três especialistas que me ajudaram a escrever este livro: Eduardo Matos Moctezuma, Leonardo López Luján e, especialmente, Scott Sessions, meu colaborador por muitos anos.

Capítulo 1

A cidade de Tenochtitlán:
o centro do mundo asteca

Quando Hernan Cortez invadiu a capital asteca em 8 de novembro de 1519, liderando um exército espanhol de quinhentos soldados, acompanhado por alguns milhares de hábeis guerreiros indígenas, os europeus ficaram maravilhados diante da enorme e esplêndida cidade no meio do lago Tezcoco. Um destes soldados, Bernal Díaz del Castillo, deixou-nos esta impressão inicial:

> Quando vimos tantas cidades e vilas construídas sobre a água e outras grandes cidades em terra firme e aquela estrada reta e plana em direção ao México, ficamos impressionados e dissemos que era como os encantos de que nos fala a lenda de Amadís, por causa das grandes torres e pirâmides surgindo da água, todas elas feitas de pedra. E alguns dos nossos soldados chegaram a perguntar se aquilo que víamos não era um sonho [...] o aspecto dos palácios nos quais nos alojaram! Como eram espaçosos e bem construídos, feitos de lindos trabalhos de alvenaria e madeira de cedro, além das madeiras perfumadas de outras árvores, com grandes salões e pátios, maravilhosos de se ver, cobertos por toldos feitos de tecidos de algodão.

A dimensão das construções e as grandes multidões que receberam aqueles estranhos visitantes deixaram os espanhóis atônitos. Eles viram enormes palácios "cobertos de cimento brilhante, limpos e enfeitados [...] ao lado de grandes oratórios para os ídolos", alguns deles cobertos de sangue. A capital dos astecas, Tenochtitlán, situada numa ilha, era à época uma das maiores cidades do mundo, com aproximadamente 200 mil habitantes. Sevilha, a maior cidade que a maioria dos conquistadores conhecia, tinha 60 mil habitantes, enquanto Londres tinha cerca de

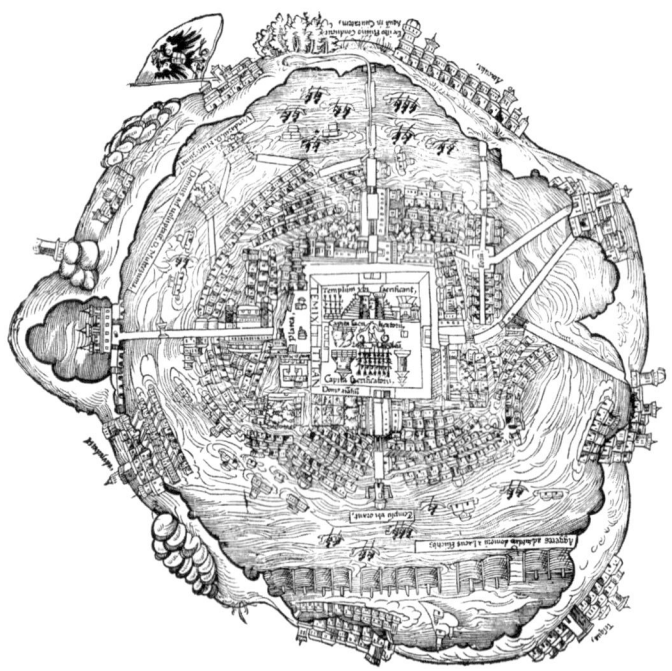

1. Gravura com o mapa de Tenochtitlán, adornado com várias convenções pictóricas europeias, da primeira edição das cartas de Cortez, impressa em 1524.

50 mil. As maiores cidades do mundo, Paris e Constantinopla, tinham cerca de 300 mil habitantes cada.

Tenochtitlán, a "Grande Cidade do México", como a ela se referiam os espanhóis, era a instância suprema de um império político e econômico formado por mais de quatrocentas cidades e vilas espalhadas pela Mesoamérica central que se estendia para diversas áreas distantes a sul e a leste. Tenochtitlán era o ponto dominante, em termos sacros e políticos, de uma Tríplice Aliança que incluía as cidades-Estado de Tezcoco e Tlacopán. Juntas, estas três cidades esforçavam-se por controlar mais de 5 milhões de pessoas espalhadas por uma área de mais de 200 mil quilômetros quadrados. Porém, a população, a complexidade social e o poder desta cidade concentravam-se numa ilha de apenas doze quilômetros quadrados, que na verdade combinava as distintas Tlatelolco e Tenochtitlán em um único assentamento central. Irradiando-se a partir desta capital insular havia uma série de estradas que a ligavam a outros nove centros urbanos menores situados nas áreas próximas ao continente, o que aumentava a população desta megalópole para algo em torno de 300 mil habitantes. Como os espanhóis logo puderam compreender, a capital asteca era tanto uma cidade de grande produtividade agrícola como o centro de um império tributário que atraía e redistribuía vastas quantidades de alimentos e mercadorias. Este poderoso sistema econômico foi o que tornou Tenochtitlán o foco da cobiça dos espanhóis e de sua esperança de riqueza e dominação política. A centralidade da cidade e suas ligações com um mundo político e ecológico muito mais amplo tornaram-se evidentes para os espanhóis à medida em que a percorriam. Se tivéssemos participado dessa excursão em novembro e dezembro de 1519, aqui estão algumas das coisas que poderíamos ter visto.

À medida que andavam por um dos caminhos principais em direção ao recinto cerimonial central, os espanhóis enxergavam as várias pontes sob as quais passavam inúmeras canoas transportando pessoas e bens até as zonas e os mercados vizinhos. Logo foram saudados por "muitos outros líderes e caciques que chegavam vestidos com capas suntuosas, com brilhantes uniformes diferentes uns dos outros; as ruas estavam repletas deles". Os visitantes acabaram por ver aproximar-se deles o *entourage* do soberano Motecuhzoma (Aquele que se enfurece como um Deus) Xocoyotzin (o Novo). Chamado em náuatle de *tlatoani*, ou orador principal, o rei apareceu "debaixo de um dossel maravilhosamente suntuoso, feito de penas de cor verde, de ornamentos de ouro e prata, de pérolas e *chalchihuites* suspensas numa espécie de debrum, algo maravilhoso de se ver". O "Grande Montezuma" estava adornado da cabeça aos pés como um vívido homem-deus que vestia sandálias enfeitadas com joias e com solas de ouro que nunca tocavam a terra, já que outros senhores varriam o chão e espalhavam tecidos à sua frente. Rodeado por outros oito chefes ricamente vestidos, quatro dos quais seguravam um dossel sobre sua cabeça enquanto os outros prestavam atenção em qualquer movimento seu e o protegiam dos intrusos, o líder dos astecas saudou os espanhóis. Cortez, entretanto, tinha cometido uma gafe inicial. Ele havia descido de seu cavalo e avançara de braços abertos em direção ao líder asteca. Mas, à medida que se aproximava do corpo de Motecuhzoma, vários auxiliares deste o impediram vigorosamente. A cena logo recobrou seu senso de ordem por meio de esmerados discursos de boas-vindas por parte de Motecuhzoma (auxiliado por *doña* Marina, a amante e tradutora indígena de Cortez), que deixou bem claro quem estava no comando e que os espanhóis eram muito bem-vindos. Em seguida os espanhóis foram conduzidos a seus alojamentos na capital. Motecuhzoma trocou presentes com Cortez, dando a ele "um magnífico colar feito de caranguejos de ouro, uma peça maravilhosa, e três lotes de capas ricamente trabalhadas com penas". Em uma carta ao rei da Espanha, Cortez relatou que tirou um colar de pérolas e cristais que estava usando e deu-o a Motecuhzoma. Motecuhzoma compartilhou sua riqueza com os capitães de Cortez na forma de pequenas joias douradas e mantos feitos de pena, e deu a cada soldado um manto de tecido comum.

Nos dias que se seguiram, os espanhóis visitaram "a grande casa cheia de [...] livros" (na verdade códices dobrados em fole nos quais eram pintados os registros históricos, geográficos e temporais do império) e depois os arsenais reais "repletos de todos os tipos de armas, muitas delas ricamente enfeitadas com ouro e pedras preciosas [...] escudos de tamanhos variados [...] espadas ambidestras com lâminas feitas de pedra que cortam muito melhor do que as nossas". Passaram então a um enorme aviário com incontáveis espécies de pássaros "desde a águia real [...] e muitos outros pássaros grandes [...] *quetzals* [...] dos quais retiram as ricas penas que utilizam em sua arte plumária". A admiração dos espanhóis transformou-se em repulsa quando foram levados à grande "Casa dos ídolos", que continha não apenas "deuses selvagens" mas vários tipos de animais de rapina, inclusive jaguares, lobos e raposas alimentados com carne de outros animais. Díaz del Castillo acrescentou ainda este sinistro comentário: "Ouvi dizer que alimentam estes animais com a carne dos indígenas sacrificados". A admiração dos espanhóis retornou quando foram levados às oficinas de lapidação e ourivesaria, onde viram joalheiros trabalhando com pedras preciosas e com *chalchihuites*, que os remetiam a esmeraldas. Viram artesãos dedicados à arte plumária, escultores, tecelões e uma imensa quantidade de finos tecidos de padrões complexos e atraentes.

Os espanhóis, sempre de olho nas nativas, não ficaram desapontados quando viram as inúmeras e ricamente vestidas amantes de Motecuhzoma acompanhando a ele e aos seus nobres. Eles viram também "conventos" de jovens virgens que eram protegidas e educadas por "freiras" veteranas. Os espanhóis descansavam em jardins luxuriantes com árvores perfumadas e ervas medicinais e se encantavam com as luxuosas casas dos nobres astecas.

O interesse espanhol pela riqueza asteca aumentou quando o grupo chegou ao vizinho mercado imperial de Tlatelolco, que tinha, segundo Cortez, o dobro do tamanho do grande mercado de Salamanca e por onde circulavam 60 mil pessoas por dia. Díaz del Castillo acrescentou que eles "ficaram impressionados com o número de pessoas e com a quantidade de mercadorias do lugar, e com a manutenção da ordem e do controle [...] Cada tipo de mercadoria se mantinha por si mesma e tinha um lugar fixo demarcado". Os tecelões a fiar com fios de algodão multicoloridos faziam alguns espanhóis se lembrarem do mercado da seda em Granada. Outra coisa que impressionou fortemente os espanhóis foram os vários inspetores e juízes que mediavam disputas e mantinham a ordem em meio ao alvoroço da multidão. Num determinado momento, os espanhóis foram conduzidos ao topo de uma das grandes pirâmides para terem uma visão geral de Tenochtitlán, o que levou Díaz del Castillo a fazer entusiásticas comparações com as grandes cidades da Europa: "Viramo-nos para olhar para o grande mercado e as multidões [...] o murmúrio e o zumbido de vozes e palavras podiam ser ouvidos a mais de uma légua de distância. Alguns de nossos soldados que estiveram em muitas partes do mundo, em Constantinopla, em Roma, em toda a Itália, disseram que nunca tinham visto um mercado tão grande, tão cheio de gente e tão bem organizado e planejado".

Em seguida os espanhóis assistiram a um grande banquete presidido por Motecuhzoma em que foram preparados, para ele e sua comitiva de nobres, servos e guardas, mais de trinta pratos, incluindo carne de coelho, de veado, de javali e de diversos tipos de aves. O rei sentava-se num banco macio e ricamente adornado, à cabeceira de uma mesa coberta com toalhas de algodão branco, e era servido por quatro belas mulheres que lhe alcançavam tigelas com água para lavar as mãos, toalhas e *tortilla*. Sentado detrás de uma tela pintada a ouro, ele era acompanhado por altos funcionários do governo e membros da família com os quais partilhava os melhores pratos da noite, incluindo frutas de regiões distantes do império e uma bebida achocolatada feita com grãos de cacau que ele bebia em "vasos de ouro puro". Em alguns destes jantares apareciam artistas: "Seus comediantes eram uns corcundas muito feios [...] e havia outros indígenas que deviam ser bufões e diziam coisas espirituosas, enquanto outros cantavam e dançavam, pois Motecuhzoma era amigo da música e do prazer, e a estes comediantes ele mandava servir os restos da comida e da bebida de cacau".

A seguir Díaz del Castillo acrescentou uma passagem provocativa e enigmática sobre sacrifício humano e canibalismo relacionada ao banquete: "Ouvi dizer que estavam habituados a cozinhar para ele a carne de jovens meninos, mas como havia uma grande variedade de pratos, feitos de tantas coisas diferentes, não pudemos averiguar se era carne humana ou de outro tipo [...] e assim ficamos sem saber".

Os espanhóis puderam ver muitos outros lugares e práticas culturais na capital asteca nos dias e meses seguintes ao passeio inicial. Porém, num prazo de um ano e meio após sua chegada, a ordem social, a beleza arquitetônica e vários bairros de toda a cidade insular estavam destruídos e milhares de pessoas tinham sido mortas por guerras e doenças. O preço humano pago neste encontro entre europeus e mesoamericanos foi tremendo para os dois lados, mas especialmente entre os astecas, cuja população seria dizimada nas décadas seguintes. Embora os espanhóis tenham sido, ao fim, militar e politicamente vitoriosos, um de seus cronistas relembrou uma terrível derrota durante a batalha conhecida como Noche Triste: os astecas, fartos dos abusos cometidos pelos espanhóis e furiosos com o assassinato de um grupo de sacerdotes e dançarinos num festival, atacaram os invasores e levaram-nos para fora da cidade, conduzindo-os para dentro d'água. "O canal logo estava atulhado de cadáveres de homens e cavalos. Eles preenchiam os espaços vazios no caminho com seus corpos afogados. Os que passavam depois por ali cruzavam para o outro lado pisando sobre os cadáveres." Mas os maiores lamentos foram os dos astecas a respeito de sua própria destruição e derrota, como fica claro nas palavras deste poeta:

Fomos esmagados.
Encontramo-nos entre ruínas.
Não há nada além de pesar e sofrimento no México e Tlatelolco,
Onde antes havia beleza e coragem.

Díaz del Castillo compartilhou este lamento quarenta anos depois, ao escrever: "De todas as coisas que vi então, tudo hoje está destruído e perdido, nada ficou de pé".

Questões a respeito dos astecas

Assim que os europeus se inteiraram dos impressionantes relatos sobre a descoberta e conquista de Tenochtitlán e leram os relatórios dos espanhóis acerca das riquezas, das cidades e das práticas religiosas "descobertas" na Nova Espanha, três grandes discussões tomaram corpo. Uma delas questionava se realmente os povos mesoamericanos haviam atingido o nível de complexidade social e sofisticação simbólica característicos da civilização urbana, como se podia ler nos relatos de Hernan Cortez e de Bernal Díaz del Castillo. Seriam estes relatos sobre reis e cidades um exagero fantasioso dos espanhóis destinado a aumentar o prestígio de suas campanhas militares no Novo Mundo ou seriam uma descrição precisa, em termos gerais, da vida social dos astecas?

Um outro conjunto de questões desafiou enormemente os europeus: de onde vieram originalmente estes estranhos, chamados de "índios", que vivem nas terras novas? Descendem de Adão e Eva? Serão plenamente humanos e capazes de entender os ensinamentos cristãos?

A terceira polêmica, que continua até os dias de hoje, era saber se o sacrifício humano realmente ocorria na escala relatada pelos espanhóis e até que ponto se praticava o canibalismo. Teriam os espanhóis exagerado de propósito a respeito dos sacrifícios astecas para justificar a conquista militar da cidade ou para disfarçar a dimensão de seus próprios atos violentos? Neste capítulo vamos tratar da primeira destas grandes questões e deixar para os capítulos posteriores o problema das origens do homem nas Américas e o dos sacrifícios humanos.

A redescoberta científica do mundo asteca

Quase imediatamente após o colapso de Tenochtitlán, foi deflagrado um agressivo trabalho de conversão para aniquilar a religião asteca e substituí-la por um tipo de catolicismo romano que serviria para anunciar a época de ouro profetizada no final do Novo Testamento. Um exemplo claro dessa campanha arrebatada que pretendia derrubar e transformar a desencaminhada e perigosa maneira de viver dos astecas pode ser visto nesta passagem da *obediencia* (exortação e instruções) escrita pelo frade franciscano Martín de Valencia, destinada aos "doze apóstolos" missionários enviados ao México em 1524 para iniciar oficialmente a evangelização dos nativos. Utilizando uma série de metáforas marciais que definiam seus objetivos como uma espécie de guerra santa, seu *superior* implorava-lhes que atacassem e derrotassem definitivamente a loucura maligna do pensamento e da cultura astecas: "Ide [...] armados com o escudo da fé e com o peitoral da justiça, com a lâmina do espírito da salvação, com o elmo e a lança da perseverança [...] e podereis mostrar e abrir aos pérfidos infiéis um caminho, e a loucura do pecado herético poderá ser destruída e desaparecer". Com efeito, quando aqueles doze franciscanos chegaram ao México, Cortez organizou uma escolta cerimonial desde Veracruz até a arruinada capital de Tenochtitlán para que sua chegada e seu propósito pudessem ser testemunhados por onde quer que passasse a marcha triunfal.

Mas o processo de conversão dos "pérfidos infiéis" enfrentou problemas quando os padres e leigos europeus começaram a interagir com os nativos que falavam as línguas locais, conheciam os ensinamentos filosóficos nativos e podiam transmitir os mitos, canções, histórias e práticas culturais dos tempos pré-hispânicos. Começou a surgir um número significativo de textos a descrever as práticas culturais indígenas, os povoamentos, os calendários e as mitologias de muitas cidades-Estado e comunidades rurais. Um frade franciscano, Bernardino de Sahagún, escreveu uma crônica do mundo asteca em doze volumes, conhecida hoje como *Códice Florentino*. Suas entrevistas com anciões realizadas entre as décadas de 1530 e 1570 revelam um sofisticado mundo social, linguístico e cerimonial, no qual mercadores e reis, escravos e guerreiros, mulheres e homens, agricultores e xamãs, sacerdotes e artistas interagiam para produzir uma opulenta sociedade urbana altamente estratificada e intensamente ritualizada. Mas enquanto Sahagún, seus alunos e outros frades coletavam e registravam este tipo de conhecimento, havia poderosas forças culturais e religiosas na sociedade colonial trabalhando contra sua disseminação. Sem necessariamente pretender fazê-lo, Sahagún produziu uma enorme quantidade de escritos que alguns espanhóis acreditavam estar *preservando* o conhecimento, a mitologia e as práticas culturais astecas.

Nos séculos XVI e XVII, à medida que missionários e funcionários públicos coletavam dados sobre a vida dos astecas, a maioria dos habitantes nativos foi vítima de doenças terríveis e se viu forçada a fornecer mão de obra barata, ao mesmo tempo que tinha de se defrontar com os contínuos esforços de evangelização. As pressões exercidas sobre os povos indígenas minaram significativamente seu bem-estar físico e psicológico e impediram uma avaliação séria ou razoável da natureza e extensão destas novas realidades sociais. Como declarou o arqueólogo Eduardo Matos Moctezuma, escavador do Grande Templo Asteca, a respeito do México de finais do século XVI: "O mundo asteca parecia ser uma civilização morta, enquanto a sociedade da Nova Espanha ganhava uma vida vigorosa. O interesse inicial pelo passado pré-hispânico deu lugar à convicção de que este estava definitivamente enterrado".

Não foi senão em finais do século XVIII que renasceu o interesse em compreender a natureza da sociedade asteca. À medida que cresciam, no México e em outros países latino-americanos, os movimentos de independência em relação à Espanha, as pessoas desenvolveram um interesse concomitante em olhar para o passado e conhecer as realizações das civilizações nativas das Américas. Os creoles (descendentes de espanhóis nascidos e criados na Nova Espanha) das colônias, assim como alguns mestiços (indivíduos de origem mista, nascidos de espanhóis e indígenas) instruídos, que agora sentiam necessidade de distinguir suas identidades e sua vida política daquelas da

Espanha imperial, começaram a fazer uso das evidências da civilização asteca e de outras civilizações indígenas como símbolos da oposição à dominação espanhola de além-mar. Foi nesta atmosfera politicamente carregada que ocorreram as primeiras grandes descobertas de esculturas astecas em 1790, no coração da Cidade do México, e isto deu origem a uma nova percepção coletiva das grandes realizações culturais da Mesoamérica pré-hispânica.

Naquele ano, o processo de repavimentação do Zócalo (a praça central), ordenado pelo vice-rei Juan Vicente de Güemes Padilla Horcasitas, rendeu a sensacional descoberta de dois monolitos gigantescos: um deles retratava a deusa terrena Coatlicue (Saia de Serpentes) e o outro a circular Pedra do Sol (também conhecida como Pedra do Calendário). Ambos os monumentos foram magnificamente esculpidos, e a Pedra do Sol, em especial, com seu desenho complexo e sua intricada linguagem hieroglífica, refletia uma cultura altamente sofisticada. Estes tesouros estimularam um forte interesse pelo mundo asteca depois de séculos de descaso.

Em 1792, o astrônomo e antropólogo mexicano Antonio de León y Gama publicou um ensaio que se tornou bastante conhecido sobre a descoberta destes monumentos, enfatizando "o grande conhecimento artístico e científico que os indígenas desta América tinham na época de seu paganismo". As pessoas que realizaram estas esculturas em pedra não eram "irracionais ou simplórias", ao contrário, eram exemplos de uma "excelência" cultural na história humana, "pois, sem conhecer o ferro ou o aço, esculpiram a partir da pedra bruta, com grande perfeição, as estátuas que representam seus falsos ídolos; e realizaram outras obras arquitetônicas, utilizando para isso outras pedras mais duras e sólidas, em vez de cinzéis temperados e picaretas de aço". Os líderes creoles do México viram-se frente ao desafio de resolver onde colocar estas monumentais esculturas representativas do gênio e do paganismo astecas. Deveriam torná-las públicas, e assim despertar uma enorme fascinação popular pelos astecas, ou escondê-las? León y Gama havia encorajado alguns funcionários a transportar a pesadíssima Coatlicue para a Real e Pontifícia Universidade, de modo a colocá-la "no lugar mais visível daquele prédio, cuidando para que seja medida, pesada, descrita e fixada, para que possa ser tornada pública". Porém, quando o grande explorador e cientista alemão Alexander von Humboldt chegou à Cidade do México em 1802 e pediu para estudar a enorme escultura de pedra asteca, ficou sabendo que a estátua de Coatlicue havia sido enterrada debaixo de um dos corredores da universidade. Os funcionários que ainda eram leais ao distante governo espanhol tinham decidido deixar a colossal imagem da deusa terrena asteca escondida, porque poderia se tornar um poderoso símbolo da diferença de identidade entre a Nova Espanha e a velha pátria. Por meio da influência de um bispo que convenceu o reitor da universidade a trazer à luz a estátua, Humboldt conseguiu estudar a escultura asteca em primeira mão.

Outro defensor da associação da cultura asteca com a alta civilização foi Servando Teresa de Mier, que proferiu um irônico sermão em 12 de dezembro de 1794, dia da festa anual dedicada à mexicana Virgem de Guadalupe. O frade identificou o que considerava a melhor parte da sociedade asteca com a remota presença, no México, de um dos discípulos de Jesus. Numa dura crítica aos funcionários coloniais, que considerava politicamente corruptos, sustentou que a glória da conquista do México não se devia aos espanhóis, mas havia começado mais de mil anos antes, quando São Tomás apareceu no Novo Mundo – algo então evocado nas histórias indígenas do homem-deus Quetzalcoatl (Serpente Emplumada) que governou o antigo reino tolteca quando a prosperidade e a paz reinavam sobre a terra. Mier afirmava que o homem sagrado dos toltecas, reverenciado por eles por ter inventado a astronomia, por ter erguido uma grande capital e criado uma nobre filosofia religiosa, não era em absoluto um herói indígena. Isso queria dizer que os astecas haviam de fato criado uma verdadeira civilização, *contudo*, suas partes mais importantes eram reflexo de uma antiga cristandade que tinha enriquecido a Mesoamérica muito antes da chegada dos europeus. Ele chegou a sugerir que a imagem da Virgem de Guadalupe tinha sido pintada, na verdade, no manto de São Tomás, no século I, e não no manto do indígena Juan Diego, no século XVI, como os fiéis mexicanos acreditavam. Novamente, a Coroa espanhola era o alvo desta "guerra cultural" setecentista.

O exemplo mais requintado do debate acerca da complexidade social asteca encontra-se na obra do século XIX de Lewis H. Morgan, um dos fundadores da disciplina acadêmica de antropologia nos Estados Unidos e autor de um influente livro intitulado *A sociedade antiga*. Morgan havia desenvolvido uma tipologia do progresso humano em três etapas: selvageria, barbárie e civilização. Ele insistia em que os astecas tinham se desenvolvido apenas até o estágio da barbárie e não podiam ser comparados às sociedades civilizadas. Contrariava-se com o fato de que tantos escritores e eruditos desde o século XVI houvessem ingenuamente acreditado que Díaz del Castillo e outras "testemunhas oculares" tivessem descrito corretamente a sociedade asteca como uma civilização urbana desenvolvida. Um de seus alvos principais foi a obra altamente influente de William H. Prescott, cujo incrível best-seller de 1843 *The History of the Conquest of Mexico* (com dez edições na Inglaterra e 23 nos Estados Unidos) celebrava os astecas como um povo de extraordinárias façanhas sociais e culturais. A obra de Prescott a respeito do México era considerada por seus admiradores a maior realização em termos de escrita histórica americana até aquele momento.

Intelectualmente escandalizado pelas asserções, pela influência e pela fama do historiador, Morgan afirmou veementemente que Prescott havia escrito "uma fábula sagazmente elaborada" e deu início à construção de um "romance asteca" em que eles e seus predecessores teriam atingido um nível de complexidade social semelhante ao das verdadeiras civilizações do "Velho Mundo", algo que a maioria dos antropólogos do século XIX considerava impossível. Segundo Morgan, a ideia de que uma tribo de índios americanos tivesse se erguido ao nível da "civilização" ameaçava o desenvolvimento de um progresso científico sério nas ciências sociais. No ensaio "Montezuma's Dinner" [O jantar de Montezuma], Morgan afirmava que os astecas eram ainda "um povo que vestia os farrapos da barbárie como uma prova inequívoca de sua condição". Os relatos espanhóis a respeito da civilização nativa americana eram na verdade "boatos de um grupo de soldados subitamente lançados a uma forma primitiva de sociedade, da qual as aldeias dos índios americanos eram a melhor representação [...] A respeito desta rapsódia [de descrições de palácios], será suficiente observar que as paredes eram inteiramente desconhecidas na arquitetura indígena". Morgan, que afirmava poder enxergar mais claramente a cidade asteca 350 anos depois dos espanhóis, chegou à conclusão de que "não havia nem uma sociedade política, nem um estado, nem qualquer civilização na América quando de sua descoberta, e que não havia, à exceção dos esquimós, mais do que uma única raça de indígenas, os peles-vermelhas".

Esta visão arraigada e irracional da natureza da complexidade social asteca começou a mudar significativamente com os inovadores estudos realizados no México nas primeiras décadas do século XX. O pai da moderna antropologia mexicana, Manuel Gamio, desenvolveu novos modelos de pesquisa que enfatizavam estudos multidisciplinares nas investigações sobre as cidades pré-astecas. Entre 1911 e 1925, ele pesquisou uma série de importantes sítios arqueológicos no México e descobriu evidências de assentamentos urbanos bastante antigos na Bacia do México e em seus arredores, incluindo Cuicuilco (700-150 a.c.) e Teotihuacán (1-550). Gamio combinou o estudo dos mitos, das fontes históricas, das ruínas arqueológicas e das características geográficas com a escultura, os vestígios humanos, a flora e a fauna, e especialmente com os indícios dos trabalhos em cerâmica, para chegar a um novo entendimento histórico do desenvolvimento pré-hispânico na Mesoamérica que veio efetivamente a demolir a visão de Morgan.

Um espetacular avanço no conhecimento acerca da vida urbana pré-asteca na Mesoamérica teve lugar em 1931, quando o inovador arqueólogo mexicano Alfonso Caso descobriu e escavou uma sepultura de elite no cume da cidade cerimonial de Monte Albán (500 a.C.-800), em Oaxaca. Após a descoberta de objetos rituais altamente sofisticados no túmulo 7 de Monte Albán, Caso e seu colega Ignacio Bernal escavaram na Grande Plaza e descobriram 180 túmulos, palácios e monumentos com inscrições e uma complexa iconografia. Esta descoberta trouxe fama mundial a Caso e levou a uma nova visão sobre a origem da vida urbana no México pré-hispânico que, no caso de Monte Albán, remonta a um período entre 500 e 100 a.C.

Mais tarde, em 1943, o estudioso teuto-mexicano Paul Kirchhoff reuniu relatos como os de Díaz del Castillo com evidências linguísticas, culturais e arqueológicas para definir, pela primeira vez em termos plenamente acadêmicos, uma área cultural complexa, sofisticada e socialmente estratificada a que deu o nome de Mesoamérica. Num ensaio inovador, Kirchhoff identificou geograficamente a Mesoamérica como os dois terços mais ao sul do território do México somados a Guatemala, Belize, El Salvador e partes de Honduras, Nicarágua e Costa Rica. Nesta área, desenvolveram-se padrões de assentamento socialmente estratificados, estruturas burocráticas, redes comerciais de longa e de curta distância, práticas linguísticas e sistemas culturais por um período de dois milênios anterior à chegada dos espanhóis. A Mesoamérica já era um mundo orientado à vida urbana muito antes da ascensão do império asteca no século XV.

Esse retrato em progresso do urbanismo asteca e pré-asteca foi complementado na segunda metade do século XX por meio de projetos arqueológicos e da decifração de códices e inscrições. O trabalho continuado em sítios como Teotihuacán, Tula, Monte Albán, El Tajín e na região maia demonstra claramente que a Mesoamérica é, de fato, uma das sete áreas de geração urbana primária na Terra. No entanto, o mais espetacular e significativo avanço científico em nossa compreensão dos astecas ocorre desde 1978 na região central da Cidade do México, onde a escavação do Grande Templo Asteca – exatamente a estrutura descrita por Díaz del Castillo – tem posto a descoberto as fundações, esculturas, cemitérios humanos e animais, joias, instrumentos musicais e imagens de deuses do altar central de Tenochtitlán. Dirigido por Eduardo Matos Moctezuma, este magnífico projeto arqueológico revelou sete grandes reconstruções do

Grande Templo e mais de 125 ricos altares que os sacerdotes astecas enterraram como oferendas rituais ao deus guerreiro Huitzilopochtli, a Tlaloc, o deus da chuva, e a outras divindades. Utilizando estas espetaculares descobertas, os estudiosos demonstraram que, no México do século XV e de começos do século XVI, a cidade de Tenochtitlán era o lugar supremo do poder político e religioso sobre o qual se fundava a visão imperial. Esta capital, e especialmente seu monumental centro cerimonial, seu mercado imperial e seus abundantes jardins cultivados, tão entusiasticamente descritos por Díaz del Castillo, era o local em que a cultura, a autoridade e a dominação astecas expressavam-se por meio de construções, pedras, sons, mitos, espetáculos públicos e sacrifícios. Tenochtitlán era o lugar que reunia peregrinos, comerciantes, embaixadores, diplomatas, nobres, agricultores, artesãos e mesmo guerreiros inimigos trazidos para a capital para as cerimônias sacrificiais. Um velho sacerdote asteca que descreveu o poder de Tenochtitlán e de Motecuhzoma sobre as inúmeras cidades e vilarejos conquistados pelos astecas lembrou que os povos conquistados "traziam seus tributos, seus bens, [...] a esmeralda, o ouro, as preciosas plumagens, [...] as ricas turquesas, o adorável cotinga, o róseo colhereiro. Eles os davam a Motecuhzoma".

Capítulo 2

Os fundamentos astecas: Aztlán, as cidades, os povos

Muitas vezes é preciso que um poeta encontre as palavras certas para captar uma história e um lugar tão extraordinários quanto a Cidade do México. O romancista mexicano Carlos Fuentes acertou em cheio ao descrever a capital como "uma cidade de sol permanente, [...] cidade de luz antiga, [...] testemunha de tudo que esquecemos, [...] velha cidade criada entre pássaros de agouro, [...] cidade feita à imagem de um gigantesco paraíso. Pera espinhosa e incandescente".

Nesta passagem, as alusões ao "pássaro" e à "pera espinhosa" relacionam-se ao emblema central da bandeira mexicana, em que uma águia devora uma serpente sobre um cacto em flor, que se abre desde uma rocha estilizada nas águas azuis do Lago Tezcoco. Essa imagem dramática refere-se ao momento crucial dos mitos de fundação astecas, quando seus ancestrais chichimecas chegaram à Bacia do México no início do século XIV depois de uma longa e árdua jornada a partir de sua distante terra natal ao norte. Segundo uma das tradições, foi no lugar exato em que a águia pousou que os astecas ergueram o primeiro altar a seu deus protetor Huitzilopochtli (Beija-flor do Sul), que os tinha guiado na jornada em direção ao sul. A imagem de uma chegada triunfante e abençoada à Bacia do México foi de importância central para a reivindicação dos astecas ao posto de herdeiros de uma tradição urbana e civilizadora que remontava a centenas de anos e às capitais sagradas de Teotihuacán, Tula e Cholula. Cada uma delas foi erguida sobre a Terra "à imagem de um gigantesco paraíso" e serviu de modelo à história sagrada dos astecas retratada na arquitetura, na escrita pictórica e na música.

Desde Aztlán: a história sagrada

Tenochtitlán aparecia no périplo de Bernal Díaz del Castillo como uma grande unidade feita de arquitetura, ordem e esplendor. Mas a história de sua ascensão a partir do leito lamacento dos lagos da Bacia do México é uma história implacável de lutas, rivalidades, conflitos, sofrimento e, por fim, triunfo. Os fundadores da cidade são alternadamente chamados de "astecas", "mexicas" ou "tenochcas" nas fontes mais confiáveis, indicando que uma série de diferentes grupos étnicos migrou para a região da Bacia, unindo-se afinal para formar a "Tríplice Aliança" de Tezcoco, Tenochtitlán-Tlatelolco e Tlacopán. Apesar da diversidade dos documentos e das diferentes versões da história sagrada dos astecas (uma mistura de mitos e de memórias históricas), podemos identificar os padrões básicos de uma odisseia épica, que inclui a saída de uma antiga terra natal, seguida de uma peregrinação de muitos anos sob a inspiração de um deus protetor e de sacerdotes-guerreiros. Esta longa jornada deteve-se em lugares específicos, comemorados na história asteca com eventos prodigiosos, o que levou à chegada definitiva ao lugar em que a águia aparecia sobre o *nopal* em flor. Depois de um tempo de pobreza e servidão, os astecas se esforçaram, cultivaram a terra, lutaram e acabaram assumindo uma posição de dominação regional. O símbolo social de suas proezas foi o nexo arquitetônico e econômico conhecido como Tenochtitlán, radicado em tradições civilizadas que remontavam a mais de mil anos e às antigas Teotihuacán (1-550) e Tula (900-1100) e seus vizinhos contemporâneos de Cholula (100-1521), localizada do outro lado dos vulcões Popocatepetl e Iztaccihuatl.

Segundo fontes etno-históricas, os ancestrais saíram de uma colina fértil conhecida como Chicomoztoc (Lugar das Sete Cavernas) e habitaram Aztlán (Lugar da Garça Branca), um antigo assentamento rodeado de água, cujo povo era justamente chamado de "asteca". Seu surgimento e sua jornada foram incitados pelo sonho de um xamã ou por uma mensagem de seu deus protetor Huitzilopochtli, que os mandou partir e procurar um novo lugar para viver. No *Códice Aubin*, Huitzilopochtli deu aos astecas um novo nome depois da partida de Aztlán – "mexicas", de onde se origina o nome "mexicanos" – e três presentes que marcaram para sempre suas práticas culturais: o arco, a flecha e a rede.

Com a nova identidade de mexicas, agora aptos a caçar e a lutar com suas armas e a capturar pássaros e peixes com suas redes, eles começaram a jornada sagrada.

2. Ancestrais astecas emergem de Chicomoztoc, o "Lugar das Sete Cavernas".

Nos dois séculos seguintes, esta transformação em mexicas tornou-se parte do modelo para suas vidas como militaristas agressivos, pescadores habilidosos e agricultores produtivos. Viajavam em grupos chamados *calpolli*, que se tornaram, uma vez instalados na Bacia do México, a base de suas unidades militares e de redistribuição de tributos. Cada *calpolli* era formado por um grupo de famílias unidas por um ancestral deificado comum.

Sua longa jornada foi marcada por outras mudanças exemplares, nenhuma mais do que aquela que ocorreu quando chegaram à colina sagrada de Coatepetl (Montanha da Serpente). Chegando a este lugar propício, ainda longe do destino final, os mexicas ergueram um assentamento orientado em direção aos quatro sentidos do Universo – Leste, Norte, Oeste e Sul – e construíram uma represa num lago próximo. O resultado disso foi o surgimento de uma laguna fértil que incentivou o rápido crescimento de flores, plantas e animais que forneceram alimento, beleza e elementos cruciais para sua vida ritual. Este novo povoamento foi tanto uma cópia minuciosa da Aztlán que haviam deixado quanto um modelo para a cidade de Tenochtitlán que iriam construir no Lago Tezcoco. Embora tenham começado a prosperar neste lugar, o deus protetor Huitzilopochtli e seus principais devotos insistiram em que este não era o ponto final de sua jornada e que tinham que prosseguir em direção à sua futura terra. Isto gerou um conflito feroz entre os seguidores de Huitzilopochtli e aqueles liderados por uma guerreira chamada Coyolxauhqui (Sinos Pintados), que se recusaram a prosseguir a peregrinação até um lugar distante. As hostilidades estouraram e os seguidores leais a Huitzilopochtli atacaram os rebeldes à meia-noite, mataram-nos e sacrificaram sua líder Coyolxauhqui. A partir deste momento, o culto a Huitzilopochtli tornou-se dominante entre o grupo vitorioso de mexicas que deu prosseguimento à jornada.

Este episódio, narrado em várias fontes primárias e em esculturas, refere-se a eventos históricos reais em que duas facções políticas lutaram pela dominação. Com o tempo, este conflito social foi transformado numa história sagrada e oficial declarando que Coatepec foi o lugar mítico de uma batalha cósmica entre o Sol e a Lua em que a divindade solar triunfou. Essa combinação "monte-lagoa-batalha" em Coatepec transformou-se, na memória popular, nos rituais e na arquitetura religiosa do Grande Templo Asteca que se situava no centro de Tenochtitlán. Os astecas construíram a capital inteira em torno de uma pirâmide-templo que simbolizava a Montanha da Serpente e levaram a cabo vários sacrifícios de guerreiros inimigos identificados com o culto perdedor de Coyolxauhqui (a deusa da Lua) durante a peregrinação a partir de Aztlán.

Uma série de fontes como o *Mapa Sigüenza*, o *Códice Xolotl*, o *Mapa Quinatzin*, o *Códice Aubin* e o recém-redescoberto *Mapa de Cuauhtinchán n.º 2* (retratando a peregrinação de um grupo diferente ao longo de uma rota alternativa, mas com incríveis similaridades) mostram os migrantes deixando Chicomoztoc, viajando por caminhos difíceis, explorando terras de montes próximos, executando rituais, enfrentando outros povos, consultando divindades protetoras e estabelecendo-se por certo tempo em lugares como Tenayuca, Huexotla e Tezcoco. Ao longo do caminho, realizaram-se alianças matrimoniais, organizaram-se territórios em unidades de diferentes tamanhos e estabeleceram-se áreas de pesca e de agricultura, à medida que os mexicas e outros grupos migrantes foram gradualmente se integrando à mais antiga sociedade urbana situada na Bacia do México e em torno dela. A visão religiosa que animava este empenho fica evidente nessa ordem dada pelo deus protetor Huitzilopochtli através de seus sacerdotes-xamãs. Refletindo claramente uma perspectiva posterior à jornada, o deus fez uma promessa de proporções imperiais: "Vamos nos preparar e nos estabelecer, e conquistaremos todos os povos do universo; e em verdade vos digo que vos farei senhores e reis de tudo que há no mundo; e quando vos tornardes soberanos tereis um número incontável e infinito de vassalos que a vós pagarão tributos".

Na verdade a jornada dos mexicas em direção à Bacia do México foi repleta de resistência, apesar da constante afirmação de Huitzilopochtli de que a dominação tinha sido alcançada facilmente. As histórias sagradas nos dizem que os mexicas atacaram a grande capital cerimonial de Tula, depois desceram pela costa do Lago Tezcoco, onde atacaram Tenayuca, e chegaram a Chapultepec (Monte do Gafanhoto), altamente valorizada por suas fontes de água doce. Estabelecendo-se em Chapultepec, atravessaram um período de 25 anos de lutas e conflitos até chegarem à vitória. O episódio decisivo ocorreu quando Copil, um parente distante e rival de seu líder Huitzilopochtli, atacou a comunidade dos mexicas a fim de expulsá-la das margens do lago. Na batalha que se seguiu a isso, Copil foi capturado e sacrificado e, num ato de triunfo e insulto, um sacerdote mexica lançou seu coração em direção à água para que este pousasse numa ilha pantanosa.

Estas narrativas nos contam de um ritual escandaloso levado a cabo pelos mexicas, que foram então obrigados a fugir para uma ilha obscura no meio do Lago Tezcoco. De acordo com um destes textos, os mexicas orquestraram o casamento de um de seus líderes com a filha de um dos senhores de Colhuacán, a dinastia soberana naquela região. Os mexicas prometeram ao soberano que sua filha seria enormemente respeitada como "a esposa de Huitzilopochtli". Sem se dar conta do verdadeiro e terrível destino que a aguardava, o soberano colhua enviou sua filha a Tizaapán para o casamento. Num ritual matrimonial dedicado à divindade protetora, sua filha foi esplendidamente vestida e logo sacrificada no templo local. Seu corpo foi esfolado numa cerimônia que simbolizava a renovação das plantas, que vestem uma pele nova a cada primavera. Quando Achitometl viu a pele de sua filha estendida sobre um dançante sacerdote mexica, sentiu-se insultado e ordenou a suas tropas que atacassem os mexicas e os expulsassem sob uma chuva de flechas em direção a terras inabitadas no meio do lago.

Não podemos saber até que ponto este episódio é uma combinação de lenda e história. É suficiente afirmar que o padrão prévio de abandono de um lugar estimado, jornada a uma terra desconhecida e mudança de status social foi novamente repetido à medida que os mexicas começaram a transformar sua ilha pantanosa, sua terra

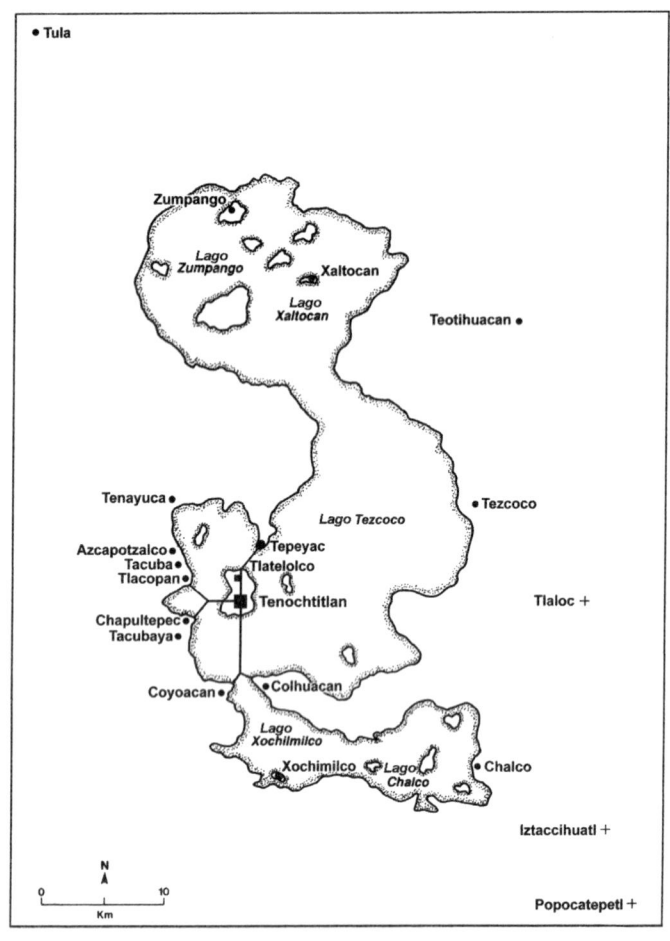

3. Mapa da Bacia do México, c. 1519.

de ninguém, num modesto assentamento cerimonial, primeiro, e depois no grande centro urbano de Tenochtitlán.

Mais tarde os mexicas afirmaram que, ao chegar a esta ilha, derrotados, mas ainda assim desafiadores, um de seus sacerdotes teve uma visão do triunfo anterior de

Huitzilopochtli em que conseguiu ver onde o coração de Copil tinha sido jogado anos antes. Os mexicas dirigiram-se àquele lugar e viram a águia gigante empoleirada no espinhento cacto em flor, a marcar o lugar exato em que iriam construir seu primeiro templo a Huitzilopochtli. Um dos relatos atesta que eles viram Huitzilopochtli na forma de uma águia, "com suas asas abertas como os raios do sol". Eles se curvaram, submissos, e o deus fez o mesmo, "curvando a cabeça em sua direção".

Outra versão afirma que um dos sacerdotes, ao ver a águia, mergulhou no lago e desapareceu. Como não retornava à superfície, seus companheiros pensaram que havia se afogado e voltaram ao acampamento. Mais tarde, o sacerdote retornou e anunciou que havia descido ao submundo, onde encontrou Tlaloc, deus da chuva, de quem recebeu permissão para que os mexicas se estabelecessem naquele lugar sagrado. Assim, tinham a seu lado tanto as forças do céu (a águia, Huitzilopochtli) quanto as da terra (o deus do lago, Tlaloc), ambas a darem permissão para que erguessem o novo centro do mundo. A grande jornada desde Chicomoztoc e Aztlán havia se completado, e naquele lugar estranhamente similar ao da fértil ilha comunitária de onde haviam partido os mexicas dedicaram-se ao trabalho de construir Tenochtitlán.

Logo de início, o assentamento asteca foi dividido em quatro segmentos em torno de um centro cerimonial composto de um templo principal dedicado a Huitzilopochtli e de outros prédios religiosos. A dualidade era uma ideia cosmológica fundamental entre os mexicas, e seus vários *calpolli* reuniam-se sob uma dupla estrutura governamental. Uma parte do governo era administrada por um *teachcauh*, ou "irmão mais velho", escolhido pelos *calpolli* para tratar dos assuntos internos, como a administração das terras, dos templos e das escolas, a defesa da comunidade e os modestos pagamentos de tributos que podiam acumular. A outra parte do governo era administrada pelo *tecuhtli*, nomeado pelo rei (*tlatoani*) para atuar como juiz, comandante militar, coletor de impostos e mediador entre a corte do soberano e os vários *calpolli*. Na realidade, cada *calpolli* localizado em cada um dos quatro segmentos do assentamento atuava como uma unidade militar no exército geral e pagava tributo ao palácio e à família do soberano.

Nos primeiros estágios do povoamento estourou um grande conflito por terras, e alguns *calpolli* romperam com a comunidade da ilha de Tenochtitlán. Mudaram-se então para uma ilha-lagoa próxima, à qual chamaram de Tlatelolco, que se tornou uma poderosa rival graças a seu grande mercado, mais tarde completamente integrado à esfera de influência de Tenochtitlán.

Mesmo com essa crescente coesão e organização, os mexicas de Tenochtitlán tinham uma limitada legitimidade cultural e política aos olhos das comunidades mais antigas. Precisavam desesperadamente ter acesso ao prestígio e ao poder associados às veneradas tradições culturais toltecas, localizadas na cidade-Estado de Colhuacán. Os astecas conseguiram fazer esta aliança crucial quando o soberano de Colhuacán aceitou a proposta de colocar no trono de Tenochtitlán um príncipe chamado Acamapichtli, um nobre de Colhuacán que também tinha sangue mexica. Os astecas tinham então subido na escala social ao ganhar acesso político às famílias dominantes, que podiam traçar suas origens até os toltecas (900-1100) do grande rei-sacerdote Topiltzin Quetzalcoatl. Mas isso também significava que estavam claramente sob o domínio de Colhuacán, cuja capital era Azcapotzalco, a principal potência militar descendente dos toltecas da região.

Esplêndidas cidades antes dos astecas

Nos séculos anteriores às migrações mexicas em direção à Bacia do México, existiram vários grandes assentamentos urbanos, que se tornaram os centros do poder político e da autoridade sacra na Mesoamérica central. Os mais importantes foram Teotihuacán, Tula e Cholula. Cada um deles exerceu profunda influência na história e na identidade de Tenochtitlán. Esta linhagem urbana tornou-se evidente quando os arqueólogos mexicanos começaram a escavar as diversas camadas das fundações do Grande Templo Asteca (década de 1390 a 1521) a partir de 1978. Eles encontraram esculturas, máscaras e estilos arquitetônicos que representavam um tecido cultural mais antigo, composto por diversos povos, centros urbanos e complexas tradições religiosas que remontavam a cerca de mil anos antes do surgimento de Tenochtitlán.

Embora o santuário mais antigo encontrado no Grande Templo Asteca date de meados do século XIV, os arqueólogos encontraram provas abundantes de que os astecas tinham uma profunda memória cultural, sustentada por sacerdotes, governantes e artistas que reivindicavam legitimidade e descendência a partir das cidades toltecas de Tula (900-1100) e Teotihuacán (1-550). Por exemplo, dois "Templos Vermelhos", escavados nas faces sul e norte da pirâmide principal, possuem estilos arquitetônicos e murais que representam o simbolismo da antiga Teotihuacán. E muitas das mais importantes esculturas do Grande Templo Asteca são imitações diretas de esculturas feitas em Tula, situada mais de cem quilômetros ao norte de Tenochtitlán, e associadas a Quetzalcoatl, o rei-deus Serpente Emplumada, lembrado como aquele que deu origem ao calendário, às práticas rituais e à sabedoria. Estas esculturas encontradas no centro da cidade asteca refletem os estilos artísticos da Era Tolteca, que tinham se espalhado até várias capitais regionais na Mesoamérica. A profundidade desta consideração histórica está retratada na incrível descoberta, feita numa urna dentro do Grande Templo Asteca, de uma máscara Olmeca em perfeitas condições, datando de aproximadamente 1000 a.C. Mas, acima de tudo, os astecas voltaram-se para Teotihuacán, a Cidade dos Deuses, em busca de inspiração, autoridade política e legitimidade mítica.

Teotihuacán: cidade dos deuses

Se houve uma cidade antiga que atraiu a atenção de seus contemporâneos *e* de seus sucessores na Mesoamérica, esta foi a imponente capital de Teotihuacán (1-550). Ela certamente chamou a atenção dos governantes astecas, e especialmente dos dois Motecuhzoma, Motecuhzoma Ilhuicamina (1440-1463) e seu sobrinho Motecuhzoma Xocoyotzin (1502-1520). O primeiro deles, que administrou uma substancial expansão das terras e da dominação militar astecas, encomendou a construção de uma enorme plataforma ritual ao longo da Rua dos Mortos em Teotihuacán, em frente à gigantesca Pirâmide do Sol. Embora a cidade antiga, localizada a nordeste de Tenochtitlán, já estivesse bastante arruinada à época de Motecuhzoma I, o lugar era visto como o verdadeiro lar cultural e político das subsequentes cidades-Estado e de seus povos. Os astecas fizeram alguma arqueologia por conta própria, desenterrando valiosos depósitos secretos de objetos (inclusive máscaras rituais) e depois enterrando-os novamente em seu Grande Templo. O segundo Motecuhzoma, acreditando que a cidade tivesse sido construída e habitada por gigantes, fazia visitas periódicas ao lugar para prestar homenagem e obter legitimidade dos ancestrais sagrados que lá residiam. Na mitologia da criação mexica, Teotihuacán foi o lugar da espetacular criação do Quinto Sol, a era cósmica em que os astecas viviam.

    O que impressionava os astecas quando visitavam o lugar, mesmo quando este já estava em grande parte abandonado, era sua monumentalidade e seus esplêndidos murais, planejamento urbano, arquitetura e obras de arte, que demonstravam que esses ancestrais tinham uma vida ritual dedicada à agricultura, à guerra, aos jogos de bola, às divindades, dinastias e sepultamentos sacrificiais. Quando Bernardino de Sahagún entrevistou anciões astecas em Tenochtitlán na década de 1550, estes recitaram para ele o grande mito da criação ligando sua própria cidade e época ao começo dos tempos em Teotihuacán. Lendo o mito hoje, sabemos que os astecas estavam falando tanto do modo como enxergavam a si mesmos quanto do modo como viam seus ancestrais a observar os céus e a fazer rezas, cerimônias e sacrifícios rituais para inúmeros deuses.

Os jovens escribas nativos, ouvindo os mais velhos falarem com Sahagún, registraram uma história que começava no passado mítico, 52 anos depois de a era cósmica anterior ter desaparecido na escuridão: "Conta-se que, quando tudo estava mergulhado na escuridão, quando ainda não havia aparecido sol algum e não havia amanhecido, [...] os deuses se reuniram lá em Teotihuacán. Disseram [...] 'Quem tomará para si tornar-se o sol, trazer a aurora?'". A história conta sobre dois voluntários que se apresentaram diante do lar sagrado onde um fogo queimava. Dois deuses, Nanahuatzin (o Espinhento) e Tecuciztecatl (o Senhor dos Caracóis) prepararam-se para o ritual de autoimolação. O viril Senhor dos Caracóis aproximou-se do fogo várias vezes, mas assustou-se com o intenso calor. Então o Espinhento avançou cheio de coragem e atirou-se ao fogo, seu corpo crepitando e chiando. O outro deus o seguiu e os dois emergiram do fogo na forma de animais poderosos – uma águia e um jaguar – que mais tarde se tornaram os protetores dos dois principais grupos guerreiros astecas.

Depois, num gesto crucial para os astecas ao pensar sobre os grandes ancestrais de Teotihuacán, outros deuses se sacrificaram ao fogo e ao punhal sacrificial para dar vida e energia ao sol. Este nasceu a leste do horizonte e, depois de oscilar no céu por um tempo, antes de novos sacrifícios, ascendeu e começou seu prolongado padrão de passagens pelos céus e pelo submundo. Os astecas passaram a acreditar que este evento cósmico de *sacrifício incremental* – o aumento ritual que passa do sacrifício de um indivíduo para o sacrifício de vários indivíduos, seguido pelo nascer do sol – criou o cosmos que eles agora habitavam.

Conhecida atualmente como "As Pirâmides", Teotihuacán é o sítio arqueológico mais visitado das Américas. Os visitantes podem não apenas ver que ela possuía uma arquitetura monumental, incluindo as assim chamadas Pirâmides do Sol e da Lua e a grande Rua dos Mortos, mas descobrir que a cidade inteira foi planejada como uma imagem do cosmos. Em especial, os primórdios de Teotihuacán assemelham-se a um símbolo central na história posterior da origem dos astecas em Chicomoztoc, pois Teotihuacán começou numa caverna. Escavações realizadas na década de 1970 mostraram que, exatamente debaixo da maior construção do sítio, a Pirâmide do Sol (a terceira maior pirâmide do mundo, junto da gigantesca estrutura de Cholula e da Grande Pirâmide de Giza), encontram-se os restos de um antigo túnel, de uma caverna e de um santuário que serviu como um dos mais antigos centros de rituais e oferendas aos deuses do submundo.

Por toda a história da Mesoamérica, as cavernas foram consideradas como o lugar de origem de povos ancestrais identificados com as forças vitais encontradas nas sementes, na água e nos seres terrestres. As cavernas eram também "corredores" que levavam ao submundo, e os rituais nelas realizados podiam transportar simbolicamente os seres humanos até os domínios do mundo inferior. A caverna embaixo da Pirâmide do Sol foi decorada e artificialmente reestruturada para formar uma flor de quatro pétalas. O Projeto de Mapeamento de Teotihuacán, um vasto programa de pesquisa realizado na década de 1970, revelou que todo o espaço habitado da cidade foi traçado por seus planejadores e arquitetos como uma metrópole em quatro partes, que se ajustava, de várias maneiras, à estrutura do cosmos. As centenas de construções residenciais, rituais e comerciais da cidade foram organizadas de acordo com um complexo padrão ortogonal que partia da Rua dos Mortos (nomeada pelos arqueólogos), situada no eixo norte-sul, e da avenida situada no eixo leste-oeste, que se cruzavam em ângulos retos no centro da cidade.

Por volta do ano de 450, Teotihuacán havia se tornado a cidade-Estado dominante da Mesoamérica central, habitada por mais de 150 mil pessoas. Os incessantes trabalhos arqueológicos naquele sítio revelam que o prestígio das construções, da arte mural e dos espetáculos rituais dessa capital, bem como seu poder político, influenciou muitas cidades e vilarejos no platô central do México e arredores, incluindo os poderosos zapotecas de Oaxaca e os reis maias da distante Copán, do norte de

Honduras. Desde 2000, novas evidências demonstraram que a capacidade de Teotihuacán de influenciar grandes decisões e alianças políticas estendeu-se aos rituais e à arquitetura da casa real de Copán. Sua influência também se estendeu ao longo do tempo, alcançando as mentes dos astecas e de outras comunidades do século XVI.

Embora muitas partes de Teotihuacán tenham sido escavadas durante o século XX, foi apenas na década de 1980 que os arqueólogos descobriram importantes locais de sepultamento ritual *dentro* de suas principais estruturas cerimoniais. Na Pirâmide de Quetzalcoatl, os arqueólogos encontraram um grande número de vítimas sacrificiais com as mãos amarradas nas costas, ostentando colares feitos de mandíbulas humanas. Ao lado destes indivíduos encontram-se objetos que remetem aos cultos rituais da fertilidade e da guerra, que continuaram a ser os focos fundamentais da vida política e religiosa ao longo de todo o império asteca. Os trabalhos realizados na Pirâmide da Lua trouxeram à tona vestígios sacrificiais similares, acompanhados por preciosas peças em jade provenientes da região maia. Nos dias de hoje, as novas escavações realizadas dentro da gigantesca Pirâmide do Sol devem revelar-nos ainda mais sobre o prestígio, a vida ritual e o vasto alcance desta "Morada dos Deuses", cujo estilo de vida ao mesmo tempo assombrou e inspirou os astecas quando passaram a construir seus próprios recintos cerimoniais setecentos anos mais tarde.

Tollán: cidade da Serpente Emplumada

Quando Bernardino de Sahagún e outros pesquisadores interrogaram os antigos cidadãos astecas a respeito de sua história, foram informados repetidas vezes sobre um magnífico reino chamado Tollán ou Tula, onde os grandes toltecas foram governados por um rei-sacerdote chamado Topiltzin Quetzalcoatl (Nosso Jovem Príncipe, o Serpente Emplumada), antes de serem abandonados. De fato, sobrevive na Mesoamérica, desde o século XII, uma rica tradição de histórias, canções, pinturas e esculturas que se ocupa das inspiradoras realizações e da carreira de Quetzalcoatl. Os informantes de Sahagún lembravam que "em verdade com ele começou, em verdade dele, Quetzalcoatl, fluiu toda arte e conhecimento". Aos altos sacerdotes dos tempos astecas era conferido o título de "Quetzalcoatl", e todos ensinavam aos filhos a história de seu reinado bem como a de sua derrocada e desaparecimento no mar oriental e a de seu vaticinado retorno.

A história sagrada dos toltecas e de Quetzalcoatl celebrava o esplendor e a estabilidade de uma grande cidade-Estado, que um texto chamou de "Grande Tollán". Os astecas diziam que "os toltecas eram sábios. Suas obras eram todas boas, todas perfeitas, todas maravilhosas, todas miraculosas; suas casas eram lindas, ladrilhadas em mosaicos, polidas, revestidas de estuque, magníficas". Esta passagem soa extraordinariamente parecida com as descrições fantasiosas de Tenochtitlán feitas por Bernal Díaz del Castillo e indica o prestígio que a capital tolteca possuía na memória dos astecas. Refletindo seu próprio senso de determinação, as histórias astecas sobre os toltecas celebravam a abundância agrícola e as realizações culturais sem paralelo que ligavam intimamente deuses e homens. Todas "as abóboras eram muito grandes, e algumas bem arredondadas. E as espigas de milho eram grandes como pedras de moagem manual, e longas. Dificilmente podiam ser abarcadas pelos braços de uma pessoa". Os campos de algodão brilhavam em muitas cores, incluindo "vermelho-pimenta, amarelo, rosa, marrom, verde, azul, cor de verdete, marrom-escuro, marrom-maduro, azul-escuro, amarelo-claro, cor de coiote [...] Todos estes campos tinham as cores exatamente assim, eles não os tingiam". Este paraíso na terra era povoado pelos melhores artistas, arquitetos e astrônomos, venerados por terem inventado o calendário e por terem alinhado a cidade segundo os pontos cardeais do universo. E no centro de toda essa abundância, criatividade cultural e habilidade estava Quetzalcoatl, o grande ancestral asteca, a quem "se estimava como a um deus. Ele era adorado e para ele rezavam em outros tempos em Tollán, e lá seu templo ficou, muito nobre, muito alto. Extremamente alto, extremamente nobre".

No entanto, o sítio que os arqueólogos identificam com o reino tolteca parece muito mais modesto em tamanho e esplendor do que aquele que os anciões astecas louvaram para Sahagún. Espalhada sobre várias colinas no atual estado mexicano de Hidalgo, a cidade de Tula, embora impressione com seu centro cerimonial constituído de palácios, pirâmides, quadras, frisos entalhados e esculturas monumentais, fica diminuída em contraste com a cidade de Teotihuacán, destruída vários séculos antes do surgimento da tolteca Tula. Estariam os astecas relembrando tradições de grandeza urbana que remontam ao reino tolteca dos séculos X ao XII e apoderando-se da imagem urbana da magnífica Teotihuacán mas chamando-a de Tollán?

Cholula: a capital da peregrinação

Cholula, a terceira cidade dentre as grandes capitais precursoras da Mesoamérica, encontrava-se ainda socialmente ativa e politicamente influente no tempo dos astecas, ao contrário de Teotihuacán e Tula-Tollán. Esta capital da peregrinação ainda possui a maior pirâmide do mundo e está localizada numa planície a leste de dois dos mais imponentes vulcões da Mesoamérica, Iztaccihuatl (Mulher Branca) e Popocatepetl (Montanha Fumegante). Em 1519, quando Cortez e os espanhóis decidiram marchar em meio às montanhas e vales em direção à Tenochtitlán de Motecuhzoma, foram informados por seus aliados de Tlaxcala que Cholula encontrava-se no meio do caminho. Cholula foi uma das cidades de povoamento mais antigo nas Américas e sua história ilustre deveu-se em parte à sua localização estratégica no centro da região de Puebla-Tlaxcala, que oferecia opções de caminho e transporte para regiões mais ao sul e ao leste da Mesoamérica. Tanto Cortez quanto Díaz del Castillo ficaram impressionados com a quantidade de templos que ela continha. Cortez escreveu que "é a cidade mais adequada para nela viverem os espanhóis que já vi" no México, e ambos a compararam à cidade espanhola de Valladolid. O que impressionou os invasores europeus foram os milhares de peregrinos que visitavam os santuários, os templos e o mercado da cidade, o que os fazia lembrar-se de Roma e Meca, os centros sagrados de peregrinação por excelência da Cristandade e do Islã.

Como quase todas as capitais regionais da Mesoamérica, Cholula foi um centro cerimonial compacto, feito de pirâmides, templos, palácios, escadarias grandiosas, uma acrópole, estelas e murais. O papel supremo desempenhado por sua Grande Pirâmide, Tlachihualtepetl (Montanha Feita pelo Homem) é frequentemente mencionado na literatura da época e é evidente também na arqueologia. Bem antes da entrada dos espanhóis na cidade, a largura da Grande Pirâmide tinha sido aumentada para cerca de 350 metros, maior do que qualquer das grandes pirâmides do Egito. Construída ao longo de um período de 1.700 anos, seu significado cósmico inclui o fato de que, assim como a Pirâmide do Sol em Teotihuacán, estava situada sobre uma fonte natural, provavelmente considerada pelos locais como uma rota para o submundo e para o mundo de Tlalocán. As águas ainda jorram desta fonte na direção leste, e há um poço num pequeno santuário cristão ao lado da pirâmide em que os modernos peregrinos buscam águas sagradas. Em sua segunda fase, a Grande Pirâmide foi alinhada numa posição entre 24 e

26 graus a noroeste de modo que, quando o sol se punha atrás dos vulcões Popocatepetl e Iztaccihuatl no solstício de verão, seus raios iluminassem um templo específico no topo – uma epifania visível em toda a cidade e além dela. Atualmente há uma importante igreja de peregrinação cristã dedicada à Virgem dos Remédios situada no topo da Grande Pirâmide.

A adoração de Quetzalcoatl, no entanto, não se limitava de modo algum ao sítio tolteca de Tula-Tollán, mas desempenhou um papel importante por mais de mil anos na vida religiosa e política de Cholula. Um funcionário colonial, testemunha da vida cotidiana em Cholula nas décadas posteriores à chegada dos espanhóis, recordava que, nos dias festivos, de manhã cedo, grupos de cidadãos de Cholula e de peregrinos de outras cidades chegavam à cidade cerimonial carregando oferendas como galinhas, coelhos, codornas, copal, perfumes, frutas e flores. Esse amplo alcance de Cholula reflete-se na enorme difusão de sua peculiar cerâmica e de seus templos dedicados a divindades de outras comunidades.

Todas as três grandes capitais cerimoniais, antecessoras da "Grande Tenochtitlán", tinham uma arquitetura monumental, carregada de histórias míticas e de simbolismo religioso, que serviu de ponto focal para as comunidades socialmente estratificadas governadas por elites sagradas. Quando os mexicas chegaram à Bacia do México, vindos de Chicomoztoc e Aztlán, encontraram um modo de vida urbano estabelecido há longo tempo e organizado pelas cidades-Estado toltecas remanescentes, que competiam entre si pela dominação dos recursos e dos excedentes ecológicos e sociais da região.

Quando os cientistas sociais se deram conta do espectro temporal e da extensão geográfica do urbanismo na história da Mesoamérica, começaram também a fazer perguntas mais abrangentes acerca de outras origens e evoluções, como, por exemplo, acerca de quando e como os seres humanos chegaram pela primeira vez às Américas e estabeleceram-se na Bacia do México.

As origens do homem e da sociedade nas Américas

Muito antes das discussões acerca da natureza do urbanismo asteca, outra fascinante questão ressurgia constantemente a respeito das origens históricas das populações humanas das Américas. De onde vinham originalmente os "índios" das terras recém-descobertas? À medida que os relatos, os objetos e mesmo os índios do Novo Mundo eram exibidos na Espanha, em Portugal e em outros países europeus, discutia-se se estes povos seriam inteiramente humanos, se descendiam de Adão e Eva e perguntava-se como tinham ido parar naquelas terras distantes. As respostas dadas por religiosos, leigos e eruditos variavam entre o assombro, a fantasia e as hipóteses científicas. O italiano seiscentista Peter Martyr (Pietro Martire de Angheria), historiador da Espanha, proclamava a seus leitores: "Elevai vosso espírito, Escutai sobre a Nova Descoberta!", à medida que as notícias a respeito das viagens espanholas de descobrimento chegavam à Europa. Este entusiasmo foi superado por Francisco López de Gómara, que, embora nunca tenha viajado ao Novo Mundo, tornou-se secretário de Cortez na Espanha e classificou a "descoberta" das Américas como um dos três eventos mais importantes da história humana, depois da criação do universo por Deus e da vida, morte e ressurreição de Jesus Cristo. Quando o pintor alemão Albrecht Dürer visitou Bruxelas em 1520 para pintar um retrato do rei da Dinamarca, assistiu a uma exposição dos tesouros astecas que Cortez havia enviado a Carlos V, Imperador do Sacro Império Romano. Ele se manifestou eloquentemente: "Nunca vi em toda a minha vida algo que me tenha alegrado o coração tanto quanto estas coisas, pois vi entre elas maravilhosas obras de arte e fiquei deslumbrado com o gênio sutil desses homens de terras estrangeiras. De fato, não consigo expressar tudo que pensei então".

No México, Diego Durán, um frei dominicano que passou décadas no México Central pouco mais de uma geração após a queda da capital asteca, acreditava que os antigos cristãos tinham realmente migrado da Terra Santa para o México. Pensava que estes peregrinos cristãos haviam instilado certas ideias religiosas fundamentais na população local, que, com o tempo, esqueceu a origem verdadeira e a forma correta de suas práticas religiosas. Ele sustentava que São Tomás ou alguma tribo perdida de Israel era a fonte de certas práticas e crenças religiosas astecas, que lhe pareciam muito semelhantes às crenças cristãs. Durán, que escreveu três instrutivos livros sobre os povos indígenas do México Central e suas tradições ancestrais, esperava um dia encontrar uma antiga cópia dos Sagrados Evangelhos em hebraico, cópia que ele acreditava estar escondida numa comunidade nativa próxima à Cidade do México. Ele de fato encontrou uma série de manuscritos dobrados em fole nativos, mas infelizmente não os preservou.

A discussão sobre a origem dos astecas e de seus predecessores ligava-se à pergunta sobre se estes povos indígenas tinham capacidade intelectual suficiente para criar suas próprias civilizações (o que mais tarde foi chamado de "invenção independente") ou se precisavam de ideias, instituições e práticas sofisticadas importadas das civilizações "superiores" do Velho Mundo.

Uma linha de pensamento no século XVIII enfatizava as semelhanças entre a arquitetura maia e asteca e as pirâmides do Egito. Esta concepção sustentava que as grandes realizações dos faraós egípcios migraram do Mediterrâneo com antigos navegadores, cruzaram o Atlântico e foram transplantadas no México milênios atrás. Outra concepção, expressa já em 1804 pelo explorador alemão Alexander von Humboldt, voltava-se para o Pacífico e sugeria que os povos asiáticos migraram da China e do Japão para o Novo Mundo em tempos remotos, disseminando ideias, símbolos e práticas rituais entre os ancestrais dos astecas e toltecas. No século XIX, antropólogos americanos e europeus perguntavam-se se o continente perdido de Atlântida (no Atlântico) ou o de Mu (no Pacífico) poderiam estar na origem das antigas civilizações americanas. Utilizando a descrição feita por Platão do afundamento da lendária Atlântida, os defensores da teoria do continente submerso argumentavam que os povos que se tornaram os aborígines americanos salvaram-se no último minuto e trouxeram sua grande civilização para a América.

No século XX, a ideia de contatos transpacíficos foi explorada pelo antropólogo e aventureiro Thor Heyerdahl, que construiu a jangada *Kon-Tiki* e navegou pelo Oceano Pacífico desde o Peru até as ilhas da Polinésia, na esperança de provar que os povos pré-hispânicos poderiam ter se estabelecido ali. Depois Heyerdahl tentou demonstrar que os povos mediterrâneos poderiam ter feito a jornada para as Américas navegando através do Atlântico, embora seu barco *Ra*, de estilo egípcio, tenha sido concebido e construído por nativos da área do lago Titicaca, na América do Sul. Adotando um enfoque de difusão cultural, estas interpretações sustentam que as realizações nas Américas foram desenvolvidas por povos emigrados que abandonaram centros de cultura do Velho Mundo e transplantaram as raízes da civilização (arquitetura monumental, escrita, calendários, vastos sistemas de mercados) em solo americano. Um problema sério desta argumentação é que jamais foi encontrado um único objeto da Ásia, da África ou do antigo Mediterrâneo em qualquer dos contextos arqueológicos pré-colombianos no Novo Mundo.

Uma visão excêntrica, que foi objeto de vários especiais de TV, veio do livro *Eram os deuses astronautas?*, de Erich von Däniken, que argumentava que as pirâmides e esculturas maias e astecas, assim como as linhas de Nazca, no Peru (imensos geóglifos gravados no deserto) foram deixadas na Terra por antigos cosmonautas cujas visitas extraterrestres estimularam o desenvolvimento dos continentes americanos, se é que não o povoaram. E Von Däniken chegou ao extremo de sugerir que essas enormes estruturas arquitetônicas eram uma espécie de marcadores para o retorno dos povos do espaço sideral num tempo futuro.

Mais recentemente, arqueólogos, linguistas e biólogos moleculares utilizando provas de DNA continuam lutando para identificar quando, de onde e por quais rotas as Américas foram inicialmente povoadas. Embora não haja um entendimento universal em relação às respostas a estas questões, estabeleceu-se um consenso segundo o qual a América foi povoada por migrantes do nordeste da Ásia, que viajaram por terra e por mar talvez há mais de 25 mil anos. Após rigorosa análise de vários tipos de evidências, parece que os grupos que entraram em território americano trouxeram consigo uma série de distintivas tradições culturais durante várias migrações (através de corredores livres de gelo) via Estreito de Bering, que liga a Sibéria ao Alasca e à costa noroeste, e navegando ao longo dessa costa.

É realmente notável que a primeiríssima especulação sobre esta rota tenha aparecido na *Historia natural y moral de las Indias*, do jesuíta espanhol José de Acosta, publicada em Sevilha em 1590. Escrevendo sobre a história dos astecas e dos incas e percebendo a semelhança no aspecto físico entre os indígenas americanos e os asiáticos, Acosta postulou que as civilizações do México e do Peru foram erguidas por povos cujos ancestrais remotos haviam migrado da Sibéria muitos milênios antes da chegada dos espanhóis. Na Europa seiscentista não se tinha mais que uma vaga ideia desse panorama nórdico (o explorador dinamarquês Vitus Bering descobriu e deu nome ao Estreito de Bering apenas em 1714), mas Acosta apontou o caminho que os cientistas ainda seguem em seus esforços para identificar as rotas, o momento e a terra natal dos primeiros homens a migrar para as Américas.

Os estudiosos já estabeleceram claramente que as culturas do Novo Mundo, inclusive as civilizações mesoamericanas que deram origem aos astecas e aos maias, desenvolveram-se como resultado de uma criatividade cultural e de uma interação social inerentes às Américas. Não que se possa negar que existem semelhanças impressionantes entre o Velho e o Novo Mundo. Mas estas semelhanças não são mais impressionantes do que as notáveis diferenças, inovações e diversidade entre as produções culturais da Ásia, do Mediterrâneo, da África e das Américas, e também *entre* as Américas. Embora seja possível que tenha ocorrido um mínimo contato entre as culturas asiáticas e os povos das Américas, os olmecas, huastecas, tlaxcaltecas, toltecas, Ñuu Dzaui (mixtecas), Ñähñu (otomis), maias, astecas e todas as outras culturas nativas do hemisfério ocidental desenvolveram suas culturas independentemente das civilizações do Velho Mundo. O ponto final e urbano desse longo processo inato e evolutivo teve lugar na capital asteca de Tenochtitlán.

Capítulo 3

A EXPANSÃO ASTECA POR MEIO DA CONQUISTA E DO COMÉRCIO

Em que pese a destruição proposital de documentos pictóricos astecas pelos espanhóis nos primeiros anos após a queda de Tenochtitlán, ainda subsiste um número significativo de documentos anteriores e posteriores à conquista. Entre eles há um códice extraordinariamente bonito, criado por escribas astecas no início da década de 1540. Nomeado em homenagem ao vice-rei espanhol que encomendou o trabalho em nome de seu imperador europeu, o *Códice Mendoza* contém imagens e descrições extraordinárias da história política, econômica e social dos astecas. A história e o simbolismo desse documento, hoje abrigado na Biblioteca Bodleian, em Oxford, proporciona-nos um guia útil para a carreira belicosa dos reis astecas e suas realizações em termos de controle político sobre vastos territórios e cidades no interior e além da Bacia do México.

O *Códice Mendoza*

Um dos principais defensores dos artistas nativos foi o primeiro vice-rei da Nova Espanha, *don* Antonio de Mendoza, chamado por um estudioso de "Mecenas da

Renascença", em referência ao grande protetor das artes na Roma antiga. Mendoza serviu como vice-rei por mais tempo do que qualquer outro, de 1535 a 1550, e quando chegou à Cidade do México encontrou um mundo fustigado por rebeliões indígenas, por inflamadas rivalidades entre os espanhóis e pela destruição e extração de documentos e artes nativas, ordenadas pela Coroa a fim de informar o imperador Carlos V a respeito da Nova Espanha. Mendoza convidou artistas e escribas experientes, que estavam sendo treinados no colégio franciscano de Tlatelolco, a reunirem-se numa oficina em que pudessem recriar o documento que se tornou o *Códice Mendoza*. O documento tem 71 folhas em papel espanhol, basicamente executado no estilo nativo, com comentários alfabéticos. É um raro exemplo de como mesoamericanos e espanhóis trabalharam em conjunto para contar a história asteca como um épico pictórico para os olhos da realeza numa terra distante. Os informantes nativos que interpretaram os pictogramas e ideogramas claramente discutiram sobre o significado de algumas imagens, porque o comentarista que escreveu as descrições em espanhol observou que as discussões o deixaram com apenas dez dias para completar o manuscrito antes da partida do navio rumo à corte real.

Mas Carlos V nunca chegou a ver essa obra-prima. O navio que a levava através do Atlântico, junto com outras cargas preciosas, foi capturado por piratas franceses, que entregaram o códice à corte francesa. Em algum ponto antes de 1553, o *Códice Mendoza* caiu nas mãos de

André Thevet, o cosmógrafo real francês. Thevet ficou tão empolgado com o documento que escreveu seu nome e título nele cinco vezes, como se tentasse associar seu nome ao códice.

O documento é dividido em três seções, sendo que as primeiras duas parecem ter sido copiadas de originais pré-colombianos não mais existentes: (1) a história pré--hispânica da capital asteca, Tenochtitlán, começando no momento de sua fundação e recontando as explosivas guerras de conquista e expansão de seus reis, incluindo os dois Motecuhzoma, até o ano de 1523; (2) um relato vívido dos vários tipos de tributos pagos à capital entre 1516 e 1518 por parte das quase quatrocentas cidades de cinco regiões do império; e (3) um relato pictórico de aspectos essenciais da vida cotidiana, da educação, do treinamento religioso, dos crimes e castigos e da estratificação social da sociedade mexica.

Enquadrada por signos do tempo

O folio pictórico inicial do *Códice Mendoza* pode ser considerado como uma janela para as múltiplas realidades do mundo asteca, incluindo seus calendários, agricultura, realeza, espaços sagrados, mitologia, renovação ritual e sacrifício humano. Esta solitária ilustração simétrica mostra o instante final da migração desde Aztlán/Chicomoztoc e os primeiros passos em direção ao império. Em suas bordas, numa série de caixas azuis, signos do calendário enquadram a cidade e os atos importantes retratados abaixo dela. A assinatura e o título extravagantes de Thevet preenchem a lacuna na parte superior esquerda. A contagem dos anos (*xiuhpohualli*) quase sempre aparece nas ilustrações astecas, e aqui ela começa na margem superior esquerda com o signo da Casa 2 imediatamente à esquerda da assinatura. Este calendário continua para baixo e ao redor da folha no sentido anti-horário, e mistura treze números, apresentados como pontos, com os quatro signos do ano – Casa, Coelho, Junco e Faca de Pedra – e termina no alto com o signo do ano 13 Junco. Os comentários em espanhol afirmam que "cada pequeno compartimento [...] em azul [...] significa um ano". Esses 51 blocos quase perfazem o Calendário Circular de 52 anos, que, como nosso conceito de século, demarcava uma importante unidade de tempo que se renovava no ano final através de um grande ritual público.

Uma visão mais atenta revela que há apenas 51 signos na página e que os artistas enfatizaram algo especial a respeito da data 2 Junco, no canto inferior direito. Em primeiro lugar, a data em si tem um nó amarrado à sua volta, sinalizando que um raro e poderoso ritual chamado "Ligação dos Anos" tinha lugar naquela época. Um hieróglifo de fogo, com quatro jatos de fumaça laterais, emerge do signo do ano, preso por uma única linha, a mostrar que este era o ano da Cerimônia do Fogo Novo, uma das mais profundas cerimônias do mundo mexica. Uma vez a cada 52 anos, no auge do encontro entre o calendário solar de 365 dias e o calendário ritual de 260 dias (um ciclo de 18.908 dias), realizava-se a espetacular

4. A fundação de Tenochtitlán e o reinado e primeiras conquistas de Tenuch, o primeiro *tlatoani*, pintado no frontispício do *Códice Mendoza*.

Cerimônia do Fogo Novo no sítio cerimonial da Montanha da Estrela, além dos limites da capital asteca. Depois de destruir todos os bens domésticos, extinguir todos os fogos caseiros, do templo e da comunidade, e de perfurar e extrair sangue dos ouvidos de seus filhos, a população aguardava na escuridão e assistia à passagem da constelação Tianquiztli (Mercado), por nós conhecida como as Plêiades, pelo meridiano celestial. Esse momento de passagem era marcado pelo acender do "fogo novo" no peito de um guerreiro sacrificado, que tinha deixado Tenochtitlán no início do dia em meio a uma enorme massa de músicos, sacerdotes e membros da família real. O fogo solitário era então levado montanha abaixo até o centro da cidade e colocado no santuário de Huitzilopochtli, de onde era distribuído para todas as partes do império. Os artistas que pintaram esse símbolo na data 2 Junco estavam mostrando como o tempo, com seus significados metódicos e sagrados, enquadrou os primeiros anos da capital.

Agricultura *chinampa*

Dentro desse enquadramento temporal, a cidade aparece como um grande quadrado com bordas azuis estilizadas representando as águas do lago Tezcoco. Duas linhas azuis atravessadas, aparentemente representando canais, dividem a ilha em quatro partes. Dentro delas, vemos várias imagens humanas, vegetais e culturais (um crânio empalado, um prédio governamental), que nos falam da cidade asteca e de seus símbolos. Espalhados pela página há vários signos vegetais a refletir a vida agrícola da comunidade.

Essas plantas e canais apontam para a incrível produtividade agrícola da Bacia do México. Chamada de Anahuac pelos astecas, a bacia era um grande pires natural, cobrindo aproximadamente 20 mil quilômetros quadrados, parte dos quais veio a funcionar como uma produtiva fonte de alimentação para mais de um milhão de pessoas que ali viviam. Durante os séculos XIV e XV, os engenheiros astecas transformaram milhares de acres de terra pobremente drenadas em hortas altamente produtivas. Por meio de canais de irrigação, da drenagem dos pântanos e do cultivo do agave e do *nopal*, a economia asteca tornou-se tão produtiva que foi capaz de sustentar um nível populacional que, após a chegada dos espanhóis e o massacre ocasionado pelas doenças e pela violência contra os povos nativos, não foi alcançado novamente até o final do século XIX.

De importância central para essa explosiva produtividade foram os *chinampas* (chamados de "jardins flutuantes" pelos espanhóis) ou plataformas agrícolas elevadas, que alimentaram boa parte da população asteca. *Chinampas* (palavra derivada do náuatle, que significa "cercada de juncos") são lotes de solo que crescem em leitos de rios ou em pântanos de água doce e que são moldados na forma de longas ilhotas retangulares reforçadas por juncos, galhos, troncos e outros materiais orgânicos. A porosidade do solo e o fluxo contínuo de água através dos canais estreitos asseguravam a constante fertilização do solo e das plantas e criavam um ambiente repleto de aves aquáticas, peixes, insetos, algas e sapos.

A enorme Bacia do México era em si mesma um sistema interno de drenagem cercado de colinas, piemontes e altas montanhas por todos os lados. O resultado, nas elevações mais baixas, era um extenso grupo de áreas rasas e pantanosas e de lagos interconectados que cobriam mais de mil quilômetros quadrados. Foi para uma destas ilhas pantanosas que os astecas foram levados quando provocaram a ira do rei de Colhuacán após sacrificarem sua filha. Como num roteiro em que os pobres se tornam ricos, os astecas não demoraram a transformar os pântanos num mundo de alimentos saborosos e nutritivos. Bernal Díaz del Castillo assim se referiu à sua visita ao grande mercado asteca de Tlatelolco: "Sigamos e falemos daqueles que vendem grãos e sementes e outros vegetais e ervas em outra parte do mercado, e mencionemos também os vendedores de frutas e as mulheres que vendem comida cozida, massas e entranhas em sua parte do mercado". Os informantes nativos de Bernardino de Sahagún forneceram-lhe longas listas de plantas e gêneros alimentícios, incluindo muitas variedades de milho, feijões, amaranto, chia, pimentas, tomates e frutas.

Embora não haja nenhuma *chinampa* no *Códice Mendoza*, sua presença se reflete ali nas várias imagens de plantas saudáveis que preenchem as quatro partes da paisagem da cidade. É evidente que os artífices do *Códice Mendoza* sinalizavam a quem o visse, especialmente com o cacto florescente em seu centro, que as plantas e o cultivo agrícola eram cruciais para sua existência, mitologia e vida econômica.

Soberanos: os *tlatoani*

Em torno da impressionante imagem central do frontispício do *Códice Mendoza*, e distribuídos pelos quatro quadrantes da cidade, encontram-se dez homens, nove deles vestidos de maneira idêntica e um trajado de modo mais proeminente, a representar os líderes mexicas. Com esta distribuição e esta diferença, somos introduzidos a uma das características centrais da sociedade mexica: uma completa estratificação social e o poder dos soberanos. Nove destes homens aparecem com um *tilmatli* (manto) branco confortavelmente enrolado em torno do corpo; estão sentados sobre fardos de juncos verdes com os cabelos arrumados no estilo guerreiro conhecido como *temillotl* (pilar de pedra), indicando suas realizações como guerreiros. O décimo homem na imagem do *Códice Mendoza* é o líder mais importante. Ele se distingue por um hieróglifo de fala azul em frente à sua boca, significando que ele é o *tlatoani*, ou o orador principal. Sua predominância sobre os outros é marcada ainda mais por sua pintura corporal negra (significando sua condição sacerdotal), pelas manchas de sangue nas têmporas e na orelha direita, indicando sua participação em ritos de sangria, e pelos cabelos amarrados de maneira mais frouxa, a demonstrar que se tratava de um sacerdote.

Seu nome se expressa pela tênue linha que o amarra ao signo que se encontra acima e atrás dele, que é um cacto florescente nascendo de uma pedra estilizada, uma dualidade simbólica que reflete a imagem central que sustenta a águia gigante. Este nome hieroglífico pode ser traduzido como *Tenuch* (Pedra-Cacto-Fruta), escrito na parte da frente de sua vestimenta branca. Esta parte da pintura nos passa a importante informação de que a suprema autoridade humana do México asteca residia na capital de Tenochtitlán e estava fortemente identificada com a imagem da águia-cacto-água em seu centro.

Os soberanos astecas como reis guerreiros

Os soberanos astecas tinham que se distinguir como comandantes nos conflitos armados de modo a cumprir seus deveres religiosos, sociais e econômicos. Um grande rei tinha que conquistar muitas cidades, o que aumentava os polpudos pagamentos de tributos nos depósitos reais e da capital. Acredita-se que um líder asteca, Tizoc, cujas conquistas militares foram escassas, tenha sido assassinado por membros da família real devido à sua fraca liderança. Essa ênfase na guerra como uma ferramenta de expansão do controle imperial pelos mexicas é demonstrada vivamente na seção inferior da imagem do *Códice Mendoza* em que guerreiros gigantes conquistam duas cidades no continente. Fora da cidade, do outro lado dos canais, mas ainda dentro do enquadramento de tempo dos 51 signos anuais, os mexicas, sob a liderança de Tenuch

(1325-1377), conquistam as comunidades de Colhuacán (Colina Curva) e Tenayuca (Colina de Defesa), ambas localizadas fora da cidade. O hieróglifo padrão do códice para a conquista de uma comunidade é um templo pontudo e ardente que significa que a estrutura, os símbolos, os deuses, a energia e a "essência" de uma comunidade tinham sido derrotados.

A expressão da dominação mexica é ilustrada pela postura, os costumes e especialmente pelo tamanho dos guerreiros. Os dois guerreiros mexicas vestem a típica couraça asteca feita de um grosso algodão acolchoado. Têm os cabelos no estilo pilar de pedra e carregam o escudo *ihuiteteyo*, simbolizando a cidade. Eles não apenas tornam menores os guerreiros inimigos, mas simbolicamente os sujeitam ao pressionar os escudos em suas cabeças para forçá-los a se agachar. O guerreiro asteca pode também estar segurando, atrás do escudo, a *temilotl* (a madeixa sagrada) do inimigo, como um ato de dominação ritual. No pensamento asteca, segurar a *temilotl* de outra pessoa equivalia a capturar a *tonalli*, uma das essências ou almas do inimigo. A imagem do templo mostra a guerra como uma ação com significados religiosos cruciais para a fundação e expansão de Tenochtitlán.

Historicamente, a ascensão da capital asteca e de seu império tributário começou nas primeiras décadas do século XIV, quando adentraram o mundo de cidades-Estado rivais que povoavam a Bacia do México. A unidade política básica era uma cidade ou *altepetl*, que dominava um reino ou *tlatocayotl*, cada uma com um *tlatoani* escolhido pelos filhos e netos do soberano anterior. Cada reino incluía comunidades dependentes que cultivavam as terras agrícolas, pagavam tributos e executavam serviços para a elite da capital, de acordo com vários calendários rituais e padrões cosmológicos. Voltemo-nos agora para as carreiras reais dos soberanos astecas, a fim de traçar sua ascensão até a dominação da Mesoamérica central.

Famílias reais de guerreiros

A história dos reis astecas envolve enormes ambições familiares, intrigas palacianas e assassinatos, gênio militar e devoção religiosa, grandes riquezas e doação de presentes para conquistar a lealdade dos nobres. Todos os soberanos astecas compartilhavam uma mesma linhagem, que combinava uma humilde origem chichimeca com a venerada tradição tolteca associada ao grande rei-sacerdote Quetzalcoatl, o que ligava sua autoridade às divindades celestiais da sabedoria e da guerra. Depois de Tenuch veio Acamapichtli (1377-1397), cujo hieróglifo nominal consiste numa mão segurando um feixe de flechas de junco. Sua ascensão ao trono estabeleceu a legitimidade política asteca na Bacia do México ao vincular firmemente seu povo à casa real de Azcapotzalco, capital do reino tepaneca, então dominante, regido com mão de ferro por Tezozomoc. O símbolo do nome de Acamapichtli é um indicador adequado dos objetivos e práticas de todos os governantes astecas. Cada um deles foi um rei guerreiro cujo propósito era abocanhar e dominar territórios e expandir o pagamento de tributos e as alianças políticas. Os juncos tinham um sentido religioso, significando fertilidade de inspiração divina, renovação do cosmos e acesso aos deuses.

Filho de um nobre mexica e de uma princesa da linhagem tolteca, Acamapichtli criou um período de estabilidade e de guerras bem-sucedidas. Ele teve 21 esposas e era lembrado mais de um século depois por sua prole de chefes guerreiros que ajudaram os astecas em sua ascensão rumo ao império. Em sua eficiente campanha de construção, os astecas ergueram casas reais, *chinampas* e canais que começaram a conferir peso e ordem à cidade insular. Acamapichtli liderou a conquista de quatro importantes cidades na parte sul da bacia e ajudou a organizar uma versão precoce daquilo que veio a ser conhecido como uma "guerra florida" contra Chalco, uma cidade no lado sul dos lagos que, até o momento da chegada dos espanhóis, mantinha uma poderosa rivalidade e resistência a Tenochtitlán. As guerras floridas eram uma espécie de "jogo de guerra" cujo objetivo não era tanto conquistar territórios mas proporcionar um espaço de treinamento para os guerreiros e uma fonte de cativos para fins sacrificiais.

A Acamapichtli seguiu-se um de seus filhos, Huitzilihuitl (Pluma de Beija-Flor, 1397-1420), que dobrou as conquistas do pai e estreitou os laços mexicas com a suprema cidade-Estado de Azcapotzalco ao se casar com a neta de seu poderoso rei Tezozomoc, *depois* de ter se casado com a princesa da poderosa cidade-Estado de Tlacopán. Estas uniões mostraram ser altamente vantajosas para a florescente cidade asteca, na medida em que três de seus filhos – Chimalpopoca, Motecuhzoma Ilhuicamina e o grande e temido governante Tlacaelel (cada um de uma mãe diferente) – tornaram-se grandes líderes durante os anos intermediários da expansão asteca. Huitzilihuitl desenvolveu a arte do governo sagrado, utilizando o crescente status de homem-deus para ordenar a construção de importantes templos, estabelecer leis e iniciar práticas rituais que representavam os mitos dos antepassados. Seu prestígio cresceu quando a Cerimônia do Fogo Novo, celebrada durante seu reinado, identificou-o como um governante com poderes cósmicos de revitalizar o universo.

Foi durante o reinado de seu filho, Chimalpopoca (Escudo Fumegante, 1417-1427), que a prosperidade política dos mexicas enfrentou uma enorme crise na relação com o império tepaneca e sua família real. Chimalpopoca era o neto favorito de Tezozomoc, cuja afeição pelo jovem governante mexica traduziu-se numa redução do pagamento de impostos de Tenochtitlán para a capital tepaneca. As condições de moradia melhoraram e os suprimentos do mercado vizinho de Tlatelolco proporcionaram alimentos e artefatos melhores e mais diversos. Embora Chimalpopoca tenha realizado algumas conquistas modestas durante seu reinado, o mundo político tomou um rumo mais obscuro quando a morte de Tezozomoc, em 1426, deu origem a uma feroz luta pelo poder entre seus filhos Maxtla e Tayueh. Chimalpopoca apoiou Tayueh, que perdeu a batalha contra o irmão. Segundo algumas fontes, Maxtla capturou Chimalpopoca e o humilhou ao aprisioná-lo em uma jaula antes de assassiná-lo. Em face dessa crise política, os mexicas voltaram-se para o mais maduro Itzcoatl (Serpente Obsidiana), de 46 anos, para exercer o papel do próximo governante. Ele virou a maré em favor dos mexicas durante seu reinado de 1428 a 1440.

Itzcoatl foi auxiliado por dois experientes assessores, seu sobrinho Motecuhzoma Ilhuicamina e o experiente político mexica Tlacaelel, que possibilitaram que ele liderasse a mais importante revolução da história asteca e uma expansão militar de territórios que definiram o futuro do império asteca. Ao perceber que o império tepaneca poderia ser derrotado, Itzcoatl organizou uma rebelião bem arquitetada que retirou terras, poder, alianças e tributos de Azcapotzalco. De acordo com uma determinada tradição, ele assim o fez por meio de uma poderosa aliança com os cidadãos comuns das cidades rebeldes. Quando uma facção dissidente dos mexicas ameaçou abandonar a rebelião, temendo as represálias de Tepanec caso fossem derrotados, Tlacaelel maquinou um acordo notável. Lutem conosco, exortou, e, se perdermos, nós, os nobres astecas, seremos seus servos. Se vencermos, vocês nos servirão num novo reino e aproveitarão o bem-estar que virá. Então a cidade tepaneca de Tlacopán e as forças de Tezcoco, comandadas pelo ousado e brilhante Nezahualcoyotl (Coiote Faminto), juntaram-se aos mexicas e juntos destruíram os guerreiros de Maxtla e seu poder.

Imediatamente os soberanos de Tenochtitlán, Tlacopán e Tezcoco formaram um *excan tlatoloyan*, ou

Tribunal de Três Lugares, que se tornou o pilar do novo império. Esta confederação militar, conhecida como a Tríplice Aliança, começou uma expansão hegemônica de quase cem anos através da conquista e do controle tributário de comunidades subjugadas por acordos ou por guerra. Com o tempo, México-Tenochtitlán tornou-se, de longe, a cidade dominante no Tribunal de Três Lugares. Num códice que sobreviveu, podemos ver que os exércitos de Itzcoatl conquistaram 24 cidades e cidades-Estado importantes, que se estendiam do platô central até lugares previamente inconquistados mais ao sul, em Guerrero.

Itzcoatl realizou uma outra revolução social, essa de caráter interno. Confiscou e incendiou as bibliotecas de cidadãos comuns porque, segundo os sacerdotes, esses códices continham falsos ensinamentos e histórias religiosas. A religião real que celebrava Huitzilopochtli, Quetzalcoatl e Tezcatlipoca não encararia uma competição com os xamãs locais e os sacerdotes populares que pregavam a adoração de outros deuses. Itzcoatl aumentou os tributos aos heróis militares e estabeleceu um estrito código de vestuário para as diversas classes de guerreiros.

Quando Itzcoatl morreu, em 1440, seu sobrinho Motecuhzoma Ilhuicamina (1441-1469) subiu ao trono com uma experiência inédita em guerras e em liderança social. Este primeiro Motecuhzoma (seu neto Motecuhzoma Xocoyotzin era o soberano quando da chegada dos espanhóis em 1519) tinha sido membro do Conselho dos Quatro e o principal general das forças mexicas durante a revolução contra Azcapotzalco. O *Códice Mendoza* afirma que ele era "muito sério, severo e virtuoso, [...] de boa índole e discernimento, e um inimigo do mal". As fronteiras políticas e sociais do império asteca expandiram-se enormemente durante seu reinado e levaram a um significativo aumento dos tributos pagos à Tríplice Aliança. Motecuhzoma ordenou a construção de novos prédios religiosos e políticos dentro da cidade e o próprio Grande Templo passou por uma considerável expansão. Quando este governante comandou generosas cerimônias públicas em que os sacrifícios rituais de humanos e animais atingiram novos níveis, seu prestígio como personagem divino também aumentou.

Ele usava este prestígio sagrado para dividir internamente a sociedade, a fim de que a classe de cidadãos comuns (*macehualtin*) se visse forçada à subserviência legal em relação aos nobres (*pipiltin*). Os nobres ficaram isentos do pagamento de tributos aos governantes e tinham assegurada a melhor educação para que pudessem ascender às profissões de juízes, administradores e filósofos. Os *macehualtin* eram obrigados a pagar tributos em forma de bens e de trabalho, especialmente na construção de prédios públicos. Abaixo de todos estes estavam os escravos (*tlatlacotin*), que eram forçados a uma rígida servidão por terem deixado de pagar dívidas ou por outras violações da lei. Os *tlatlacotin* mantinham suas propriedades e suas famílias enquanto trabalhavam para pagar as dívidas e podiam retornar a seu status social anterior. Mas aqueles que não conseguiam satisfazer suas obrigações poderiam se tornar "escravos cativos", que podiam ser vendidos e ocasionalmente sacrificados.

Mesmo enquanto o estado asteca estava se expandindo de diversas maneiras, seu sistema econômico principal foi atingido por severos desastres. Em 1446, uma enorme praga de gafanhotos atingiu em cheio as colheitas de diversos produtos ao longo de toda a Bacia. Depois, em 1449, a cidade insular sofreu inundações, o que interrompeu a vida social, a produção agrícola e a performance de rituais, além de desafiar a crença da comunidade em seus deuses e em sua liderança. Motecuhzoma encomendou a seu aliado da Tríplice Aliança, Nezahualcoyotl de Tezcoco, a construção de um enorme dique para controlar as águas e impedir que destruíssem as *chinampas* e as zonas vizinhas. Então uma ameaça ainda maior apareceu sob a forma de uma fome generalizada que durou quatro anos. Muitos astecas tiveram que se entregar à escravidão em terras distantes e mais bem abastecidas do império, especialmente nas "terras quentes" das regiões tributárias da Costa do Golfo. Quando as chuvas voltaram, em 1454, houve um alívio generalizado e celebrações religiosas para agradecer aos deuses.

À medida que a família imperial e suas unidades militares exploravam novos territórios para o império asteca, encontraram várias barreiras militares poderosas que nunca conseguiram derrotar completamente. Além da região oriental da Bacia do México encontrava-se o reino tlaxcala, que tinha suas próprias cidades tributárias, poderosas sociedades de guerreiros e governantes perspicazes. Este reino foi o que acabaria por formar uma aliança crucial com os espanhóis no momento de sua chegada, tornando o ataque espanhol tanto uma rebelião interna quanto uma conquista europeia. Na fronteira ocidental achava-se o reino independente de Tarasco, que logo iria comprovar o quanto os astecas podiam ser fracos quando se afastavam demais de seus territórios centrais.

Quando Motecuhzoma Ilhuicamina morreu, em 1469, subiu ao trono um governante novato, de nome Axayacatl (Rosto de Água). Filho de Motecuhzoma e neto de Itzcoatl, foi cuidadosamente ensinado pelo mestre político Tlacaelel, já que em seguida teve que encarar ameaças vindas das fronteiras do império, onde governadores mexicas foram assassinados por comunidades rebeldes. A principal comunidade rebelde era Cuextlaxtlán, que se tornou o alvo da ira asteca na forma de um ataque brutal e da imposição de pagamentos de tributos em dobro.

Além de arranjar uma série de alianças através de suas muitas esposas, Axayacatl também gerou dois futuros soberanos do império asteca, Motecuhzoma Xocoyotzin e Cuitlahuac, que ocuparam brevemente o trono durante a guerra da conquista espanhola. Sua maior ameaça, no entanto, vinha de perto. Desde algum tempo antes de seu governo, a cidade insular de Tlatelolco, situada a poucos quilômetros de Tenochtitlán, tinha se transformado num grande centro comercial e mantinha uma tensa rivalidade com a florescente capital asteca. O soberano de Tlatelolco, Moquihuix, preferiu desafiar o poder de Axayacatl e suas demandas por um melhor acesso ao mercado de Tlatelolco. Uma fonte asteca, refletindo a visão de sua gente, afirma que o senhor de Tlatelolco era um governante poderoso e arrogante que provocou Axayacatl e o levou à guerra. Moquihuix escapou para o templo principal a fim de evitar ser capturado, mas foi repreendido por um sacerdote por sua covardia. Aparentemente ele se arremessou de um alto templo e morreu nos degraus que ficavam embaixo. A vitória de Axayacatl neste conflito colocou Tlatelolco e seu grande mercado sob o firme controle de Tenochtitlán.

Segundo o *Códice Mendoza*, este soberano asteca conquistou 37 cidades, mas também sofreu uma humilhante derrota quando empreendeu uma campanha desastrosa contra o reino ocidental dos tarascas. Os astecas lutaram para construir uma sólida zona intermediária entre seu reino e o império independente dos tarascas, e para isso conquistaram as muitas cidades limítrofes aos dois reinos. Mas Axayacatl foi longe demais. Na campanha seguinte contra os tarascas, que estavam em número muito superior às unidades militares astecas que lutavam longe de casa, os guerreiros de Axayacatl foram esmagados e retornaram humilhados a Tenochtitlán. Este foi o primeiro sinal real dos limites dos astecas, que iria assombrá-los nas décadas seguintes na medida em que começaram a aparecer fissuras periódicas em sua couraça militar em várias regiões.

Quando Axayacatl morreu, em 1481, Tizoc, seu irmão mais novo, assumiu o trono e administrou o menor e menos produtivo período de reinado de qualquer governante asteca. No entanto, suas quinze conquistas, bem como a compreensão asteca da ligação entre a cosmologia e a guerra, estão magnificamente retratadas numa das mais importantes esculturas astecas, a Pedra de Tizoc. Como muitas esculturas astecas, este monumento imperial retrata a vida humana situada em um contexto celestial e a guerra como uma prática ritual que se desenrola e renova a vida humana entre as forças cosmológicas do céu e da terra. Um disco solar e uma faixa com estrelas a representar o teto celestial do mundo cobrem o topo e o registro superior da lateral da pedra. Uma faixa no registro inferior retrata espadas apontadas para cima e quatro máscaras da divindade terrestre, representando o nível terrestre em que os homens sofrem os sacrifícios e um determinado tipo de morte. Entre os níveis celestial e terrestre, um cortejo de quatorze guerreiros mexicas, de pé e vestidos a rigor, carrega os escalpos arrancados às divindades submetidas das cidades conquistadas. No centro dessa série de conquistas situa-se o próprio Tizoc, vestido como as poderosas divindades astecas Huizilopochtli e Tezcatlipoca. A escultura inteira apresenta o mundo como um círculo sagrado organizado pelas conquistas astecas como práticas rituais que asseguram a Tenochtitlán e a seu soberano a posição de centro espacial e humano do mundo.

Outras fontes históricas que chegaram até nós sugerem uma história muito diferente das conquistas de Tizoc, caracterizadas principalmente como conquistas de cidades rebeldes, e sugerem também que ele não foi capaz de expandir o território do império asteca como seus antecessores tinham feito de modo tão hábil. Parece que ele foi assassinado por ordem do Conselho dos Quatro, que encontrou uma maneira de envenená-lo.

Essa problemática calmaria nos processos astecas de expansão de terras e de tributos foi poderosamente revertida quando o irmão mais novo de Tizoc, Ahuitzotl, iniciou seu reinado de dezesseis anos, em 1486. O mais eficiente dos reis guerreiros astecas, ele transformou o estado em um império que se estendia de costa a costa e conferiu um novo nível de esplendor aos ritos e ao estilo de vida da casa real, sobre a qual se dizia que "a música nunca parava, dia ou noite". Esse gosto pela exibição suntuosa se estendia às performances rituais imperiais realizadas no Grande Templo Asteca. Desde a cerimônia de coroação até o fim de seu reinado, Ahuitzotl elevou a novas alturas a escala e a pompa das construções e das cerimônias sacrificiais. Durante seu governo, os mercadores de longa distância, conhecidos como *pochteca*, obtiveram maiores montantes de tributos de comunidades distantes, incluindo as terras de Soconusco na distante costa sul.

Escavações arqueológicas recentes demonstraram amplamente que a família real asteca fez dos cuidados, da expansão e da vida ritual do Grande Templo sua mais importante realização simbólica. Esta foi sendo periodicamente ampliada por meio de extravagantes espetáculos de dança, reza, sacrifícios de sangue, apresentação de esculturas e doação de presentes aos nobres. Os eventos mais importantes da vida do estado ou das carreiras dos astecas eram marcados por grandes cerimônias públicas, e Ahuitzotl desenvolveu essa tradição com grande segurança. Em 1487, ele decidiu aumentar o Grande Templo e, sob a inspiração dos deuses guerreiros, levou a cabo a mais brutal exibição de sacrifícios humanos na história de Tenochtitlán. A natureza política da extravagância ritual de Ahuitzotl foi marcada pelo transporte dos líderes das cidades conquistadas para forçá-los a assistir, detrás de telas, às mortes de seus próprios guerreiros. Diz-se que voltavam aterrorizados a suas comunidades.

Uma das mais extraordinárias estruturas que estes visitantes viram foi o enorme *tzompantli* (cavalete de

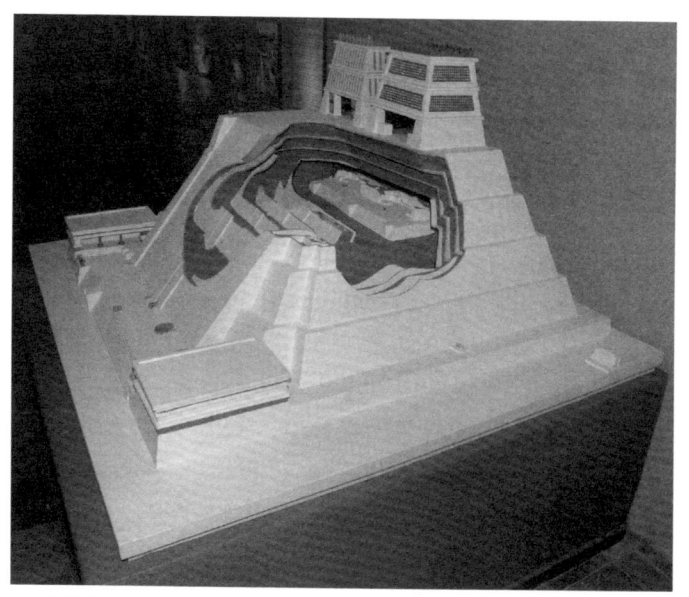

5. Maquete que retrata as sucessivas reconstruções, em estrutura dual, do Grande Templo Asteca, que servia de repositório de ofertas de todo o império.

crânios) que ficava próximo ao Grande Templo. Voltando por um momento à nossa imagem de Tenochtitlán no *Códice Mendoza*, podemos ver um desenho do cavalete de crânios imediatamente à direita da águia gigante e do cacto florescente. Nos santuários astecas, os cavaletes eram preenchidos com os crânios das vítimas sacrificiais, a simbolizar a aquisição, pelos astecas, da força espiritual dos guerreiros inimigos capturados em combate e decapitados na capital. Quando os espanhóis chegaram à Mesoamérica, trinta anos depois das extravagantes cerimônias de Ahuitzotl, disseram ter visto numerosos cavaletes guardando milhares de crânios. Os escultores astecas construíram um templo de crânios intimidante, imediatamente ao lado do Grande Templo, feito de muitíssimos crânios talhados em pedra, representando as conquistas militares terrestres e a presença de Mictlán, o submundo, no coração de seu recinto sagrado. Além de tudo que realizou em suas 45 conquistas, Ahuitzotl também conseguiu elevar o prestígio do cargo dos *tlatoani* ao nível daquele de um guerreiro-herói-rei-divino, a encarnação viva de Huitzilopochtli, que foi triunfantemente colocado no topo do Grande Templo. Pelo fato de Ahuitzotl ter empregado boa parte de seu poder militar nas fronteiras e periferias de seus domínios, o império asteca era então maior do que nunca e parecia estar solidamente equilibrado na capital. Mas ele ainda estava vulnerável a rebeliões e a alianças desfeitas.

O mais lendário dos reis astecas foi Motecuhzoma Xocoyotzin, o adorado Motecuhzoma, o Moço, que reinou de 1502 até morrer como refém de Cortez em 1520. Embora saibamos mais sobre sua aparência, suas atitudes e sua vida do que sobre qualquer outro governante asteca, ele permanece sendo o mais enigmático de todos. Por um lado, foi altamente bem-sucedido como comandante militar e líder ritual; por outro, suas ações durante o ataque espanhol sugerem um governante vulnerável, melancólico e hesitante, incapaz de ler os sinais políticos do perigo representado pelos espanhóis. Filho de Axayacatl e sobrinho de Ahuitzotl, chegou ao trono com a idade de 34 anos, depois de uma brilhante carreira como comandante militar e líder político durante os anos da grande expansão liderada por seu antecessor. Reconquistou e consolidou partes do império ao mesmo tempo em que aumentou o prestígio e a riqueza de seus nobres em Tenochtitlán, assegurando assim a lealdade destes a seu reinado. O modo de vida extravagante de Motecuhzoma incluía desposar muitas mulheres, mais de duzentas, segundo menciona um dos relatos. Estes casamentos eram, em parte, arranjos políticos que reforçavam a capacidade dos mexicas de formar e manter alianças militares e econômicas com cidades-Estado próximas e distantes. Eles também resultaram num grande número de filhos que se tornaram membros do *entourage* real e de seu governo. Díaz del Castillo relata que o imperador era elegante, limpo, esbelto, alto e bem formado. Também podemos ler que, quando fazia amor com suas muitas esposas, ele o fazia em silêncio! Cortez, em suas cartas para o rei da Espanha, descreveu a vida na corte: "Aparentemente, todo dia ao nascer do sol, mais de quinhentos nobres e seus assessores chegavam ao palácio de Motecuhzoma e passavam o dia caminhando, falando, confraternizando e planejando eventos governamentais. Centenas de servos enchiam os pátios e as ruas próximas ao palácio".

Na última década de seu reinado, Motecuhzoma tentou, sem sucesso, subjugar os reinos rivais a leste, Tlaxcala e Huexotzingo. Quatro guerras ineficazes e numerosas "guerras floridas" tiveram como resultado uma profunda hostilidade entre os astecas e os tlaxcalas. Esta arraigada inimizade tornou-se absolutamente fundamental para facilitar o trabalho dos espanhóis na devastadora destruição da linhagem dos *tlatoque*, criada quando o soberano cujo nome simbolizava a conquista de territórios e as plantas sagradas tinha assumido o trono, quase 150 anos antes.

No momento em que Díaz del Castillo e seus camaradas fizeram aquele passeio por Tenochtitlán, durante a profética primeira semana após sua chegada em 1519, o *tlatoani* asteca Motecuhzoma Xocoyotzin achava-se cercado por uma esmerada corte dedicada a aumentar sua autoridade sagrada através do espetáculo e do esplendor. De acordo com a segunda carta de Cortez ao rei da Espanha, Motecuhzoma trocava de roupa quatro vezes por dia e nunca vestia outra vez os trajes que já tinha usado.

Um império mercantil

Os mercadores astecas também foram construtores do império: ergueram um império comercial. Os his-

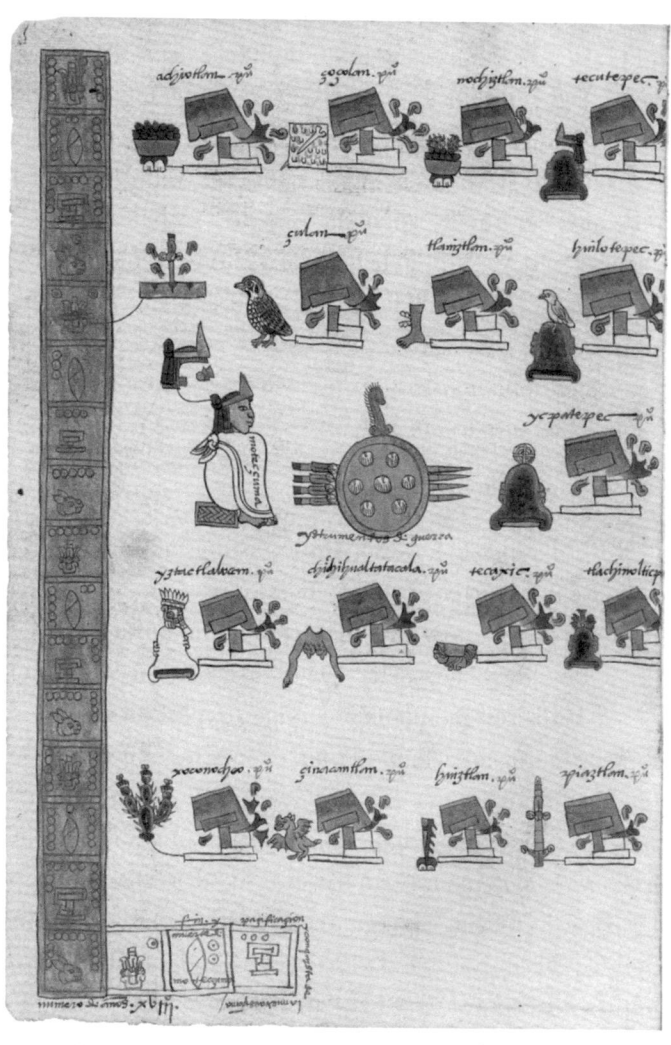

6. Motecuhzoma Xocoyotzin, o nono *tlatoani* de Tenochtitlán, que reinou de 1502 a 1520, retratado com dezesseis de suas 44 conquistas.

toriadores demonstraram que o mundo asteca era mais completamente integrado em termos econômicos do que políticos. Quando o segundo Motecuhzoma chegou ao poder, em 1502, o império dividia-se em trinta distritos. Diferentes tipos de tributos eram cobrados, num esquema rigoroso, e levados até a Bacia do México para os mercados centrais e especialmente para os palácios reais. Um viajante ao mundo asteca de 1500 teria presenciado oito províncias que pagavam uma enorme quantidade de tributos à Tríplice Aliança, enquanto os itens alimentícios e alguns bens de luxo derramavam-se em inúmeras feiras a céu aberto em que oleiros, cesteiros, lapidários e outros artesãos especializados trocavam seus produtos a cada cinco dias entre moradores e gente que passava por ali. As cidades maiores tinham feiras diárias, e Tlatelolco era tão cheia de gente que se dizia que era possível ouvir a algazarra de suas conversas, de suas histórias e brigas diante dos juízes a mais de um quilômetro de distância.

As classes mercantis do império asteca tinham sua própria hierarquia, baseada na experiência, nas regiões em que trabalhavam e no sucesso de seus empreendimentos. Mercadores regionais itinerantes, conhecidos como *tlanecuilo*, administravam um circuito de feiras por meio da troca de milho, pimentas, cestas, cabaças, perus, sal, algodão e o importantíssimo cacau. Fundamentais para a cultura de importação e troca dos astecas, bem como para sua expansão política em direção a periferias cada vez mais distantes, eram os *pochteca*, mercadores que percorriam longas distâncias para negociar por conta própria, mas também para espionar, guerrear e levar mercadorias até os governantes. Eles tinham sob seu comando grupos de carregadores e conseguiam transportar lâminas de obsidiana e joias, tecidos ricamente decorados, tinturas, jade, turquesa, plumas de aves tropicais, vestimentas de guerra e, às vezes, escravos. Certa vez, a cidade de Tochtepec, na parte oriental da Costa do Golfo, forneceu 16 mil bolas de borracha para serem usadas nos jogos rituais da principal arena do império.

Os mercadores faziam parte de um sistema de comunicação de fronteira e eram fundamentais para a cobrança dos butins de guerra. Quando as guerras eram bem-sucedidas, a operação de cobrança era feita pelos *pochteca*, que vinham e acessavam as mercadorias, os suprimentos e demais produtos das cidades conquistadas para garantir que se registrassem os níveis adequados de tributação. De fato, o *tlatoani* Ahuitzotl esforçou-se muito para estabelecer um eficiente sistema de comunicação com os mercadores que retornavam das guerras para assegurar que o butim fosse rapidamente levado até o mercado real. O prestígio do soberano cresceu com base em sua oportuna habilidade de redistribuir alguns bens, alguns dos quais retornavam para os mercadores como pagamento pelo trabalho extremamente árduo.

Os perigos e contratempos a que estavam expostos estes carregadores de mercadorias não podem ser subestimados. Eles saíam de casa, adentravam terrenos hostis e contornavam comunidades inimigas. Passavam por perigosos desfiladeiros, escalavam colinas e montanhas íngremes, cruzavam rios traiçoeiros e corriam o risco de se expor a profanações rituais. Eles trabalhavam com medo de que pudessem ouvir o canto do *huactli* ou "falcão risonho", o que poderia significar sua ruína. Se o falcão risse por pouco tempo durante sua jornada, isto era considerado um bom presságio, e o sucesso estava garantido. Mas quando "ouviam o falcão rir por muito tempo, com um som alto, como se seu peito e seu flanco se juntassem; ou como se gritasse cheio de alegria [...] sentiam que talvez algo lamentável fosse lhes suceder; que iriam deparar com algo perigoso". Suas tarefas eram consideradas heroicas e, quando bem-sucedidos, traziam riquezas e honras a seu soberano, à cidade e a eles mesmos.

Como em todos os níveis da sociedade asteca, o trabalho dos mercadores era entremeado com atividades rituais, divindades específicas e até mesmo com sacrifícios humanos, a que eles chamavam "pagamento de dívidas". Quando deixavam suas comunidades de origem, as jornadas dos mercadores eram ditadas por signos diários favoráveis no calendário. Estes incluíam especialmente 1 Serpente, ironicamente chamado de "o caminho reto", mas também os dias 2 Crocodilo, 1 Macaco e 7 Serpente. Para lançar a expedição, um banquete cerimonial era organizado pelo mercador na vanguarda, banquete ao qual compareciam a família e os amigos. Mercadores mais velhos e parentes faziam discursos repletos de conhecimentos e lições da vida mercantil. A isto se seguia a ornamentação do bastão do mercador com os símbolos e imagens de seu deus, utilizando-se papéis cortados e borracha líquida. "Eles colocavam lábios, nariz, olhos. Parecia um homem. E assim eles representavam o deus do fogo." Alguns transformavam seus bastões em imagens divinas de Tlaltecuhtli (a divindade terrestre) ou de Yacatecuhtli (o deus protetor dos marcadores), já que estes bastões eram os guias mágicos e protetores dos mercadores.

Frequentemente os mercadores que retornavam traziam dolorosas notícias de ataques, doenças e mortes no meio do caminho. Os mais velhos submetiam estes mercadores a um duro interrogatório acerca dos acontecimentos da expedição, das emboscadas, dos encontros, das trocas e da intensidade de seu trabalho. A seguir bebia-se e comia-se, e as mercadorias eram levadas ao *tlatoani*, cujos assessores as registravam e cuidavam de sua distribuição de acordo com os desejos do soberano.

Capítulo 4

Cosmovisão e sacrifício humano

Nenhum tópico relativo à vida asteca causou mais controvérsia e confusão do que o sacrifício humano. Cronistas, sacerdotes, antropólogos, jornalistas, cineastas e escritores têm repetidamente focado neste assunto, alguns para condená-lo, alguns para dizer que nunca ocorreu, e outros para tentar entender os propósitos nativos e os significados culturais do assassinato ritual e da ingestão ritual de carne humana. Que os astecas praticaram o sacrifício humano ritual está além de qualquer dúvida, mas também é evidente que os cronistas espanhóis exageraram os números e os objetivos desses sacrifícios como uma estratégia para justificar sua própria conquista e sua prodigiosa violência contra homens, mulheres e crianças mesoamericanas. Estudos revelam que muitas culturas antigas, incluindo as de romanos, gregos, japoneses, chineses, africanos, andinos e egípcios, praticaram o sacrifício humano, muitas vezes até em maior número. Embora a imagem dos astecas no pensamento ocidental situe-os como os maiores praticantes de sacrifícios rituais do mundo, não há provas substanciais, sejam arqueológicas ou documentais, de que eles tenham matado mais gente em rituais do que outras civilizações.

Provas de sacrifício humano

Durante o auge da batalha entre espanhóis e astecas pelo controle de Tenochtitlán, Bernal Díaz del Castillo descreveu ter visto seus companheiros serem arrastados à força até os degraus do Grande Templo por guerreiros e sacerdotes astecas. Enquanto o "tambor lúgubre" do deus da guerra zumbia acima da cena toda, misturado aos sons ameaçadores dos clarins de concha ou metal, os astecas enfeitavam seus prisioneiros com vestimentas rituais e, "com leques nas mãos, forçavam-nos a dançar" em frente a Huitzilopochtli. Os astecas os colocavam de costas num altar e, com facas sacrificiais, abriam seus peitos e arrancavam os corações palpitantes, "oferecendo-os então aos ídolos que ali estivessem". Para seu espanto e horror, Díaz del Castillo via os astecas rolarem os corpos pelos íngremes degraus do Grande Templo até que chegassem lá embaixo, destruídos. Ele conta que os astecas "cortavam os braços e pés e esfolavam a pele das faces, e depois as preparavam como se fossem luvas de couro com as barbas grudadas e as guardavam para os festivais em que celebravam ébrias orgias, e comiam a carne no *chilmole*".

Esse tipo de observação de "testemunha ocular" pode ser combinada com fontes pictóricas e alfabéticas astecas, com os relatos detalhados dos anciões entrevistados pelos frades espanhóis e também com provas arqueológicas para demonstrar que a violência ritual era uma parte fundamental da vida asteca. Agora sabemos que o assassinato ritual existia muito tempo antes dos astecas, com as mais antigas evidências mesoamericanas vindo dos caçadores-coletores do Vale de Tehuacán, ao redor de 5000 a.C. É também provável que muitas cidades-Estado antes dos astecas tenham praticado alguma forma de sacrifício humano. Mas há uma enorme discrepância entre as cifras de que as "testemunhas oculares" espanholas nos falam e aquelas reveladas por um cuidadoso trabalho arqueológico na área. Por exemplo, aqui está o que mostram os registros no Grande Templo de Tenochtitlán, o sítio arqueológico mais minuciosamente explorado da Mesoamérica, o lugar em que, provavelmente, ocorria o maior número de sacrifícios:

- Duas pedras sacrificiais (*techcatl*) ficavam na entrada dos dois santuários no topo do Grande Templo. Cada uma delas se erguia a uns cinquenta centímetros do solo e servia de altar para assassinatos rituais, exatamente como Díaz del Castillo os descreveu.
- Mais de mil facas rituais, principalmente de pedra, foram descobertas durante a escavação de diferentes palcos e depósitos de oferendas. Elas eram cuidadosamente enfeitadas e muitas vezes transformadas no rosto de alguma divindade aguardando o momento do sacrifício. As evidências demonstram que essas facas não eram usadas nos assassinatos rituais, mas, sim, como oferendas simbólicas.
- Traços na superfície de estátuas, altares e no chão de algumas câmaras rituais revelam que o sangue

sacrificial era besuntado em imagens divinas e derramado em quantidades significativas.
- Os restos mortais de 126 pessoas foram enterrados por todo o sítio. Quarenta e dois são de crianças que, sofrendo de doenças diversas, tinham seus pescoços cortados para que o sangue pudesse ser usado como uma oferenda aos deuses. Quarenta e sete cabeças de adultos com as vértebras superiores ainda conectadas foram encontradas em vários ofertórios. Apenas três crânios humanos completos foram encontrados. Eles estavam perfurados nas têmporas, o que provavelmente indica que antes estiveram pendurados em algum cavalete próximo. Trinta e três máscaras craniofaciais, decoradas com olhos de concha e pirita, representando o Senhor do Submundo, Mictlantecuhtli, estavam depositadas no pavimento do Grande Templo.

Esta é a soma total de todos os restos humanos sacrificiais encontrados em mais de trinta temporadas de escavações intensivas no principal recinto ritual de Tenochtitlán. É notável que tenham sido encontrados mais restos mortais de humanos no sítio de Teotihuacán (1-550) do que neste local ritual central, capital do império asteca. Um relato espanhol afirma que mais de 80 mil guerreiros inimigos foram sacrificados numa cerimônia que teria durado quatro dias, e no entanto não foram encontradas evidências que cheguem sequer perto de um centésimo deste número nas escavações de Tenochtitlán.

Sacrifício e cosmovisão

Entretanto, as confiáveis provas documentais encontradas nos escritos de Bernardino de Sahagún, baseadas em extensas entrevistas com anciões astecas nas décadas posteriores à queda de Tenochtitlán, revelam-nos que todos os meses ocorriam sacrifícios em vários templos e altares dos centros cerimoniais. Os astecas realizavam estes sacrifícios no contexto de um sistema cerimonial maior e mais complexo, no qual se despendia uma enorme quantidade de energia, recursos e tempo em uma variedade de festivais dedicados a um ávido e apinhado panteão de entidades divinas. Esta dedicação ritual se reflete nas muitas metáforas e símbolos relacionados com a guerra e o sacrifício. Os corações humanos eram equiparados a uma rica e polida turquesa e fazia-se referência à guerra como um *teoatltlachinolli* (líquido divino e coisas inflamadas), "onde os jaguares rugem", onde "barretes de guerra emplumados flutuam como espuma sobre as ondas". A morte no campo de batalha era chamada de *xochimiquiztli* (morte florida), o que faz lembrar a moderna asserção de que é "bom e nobre morrer pela pátria".

O maior recinto cerimonial, no qual se realizava a maioria dos sacrifícios, formava o eixo arquitetônico de Tenochtitlán, e cada um de seus quatro lados media 440 metros. Ele abrangia mais de oitenta templos, cavaletes de crânios, escolas e outras estruturas. O Livro 2 do *Códice Florentino* de Sahagún fornece uma valiosa lista dessas construções, incluindo o Grande Templo, que ficava "no meio da praça, [...] muito grande, muito alto, [...] voltado para o pôr do sol". Também lemos sobre um templo em que "Motecuhzoma fazia penitências, [...] ali havia morte, ali morriam prisioneiros". Havia a Mexico Calmecac, a principal escola da cidade, em que "viviam os penitentes que ofereciam incenso no pico da pirâmide Templo de Tlaloc. Faziam isso quase diariamente". Havia um templo do qual os homens eram jogados nas chamas e queimavam até morrer. Ali perto ficava o Grande Cavalete de Crânios, onde se penduravam as cabeças das vítimas sacrificiais para que ficassem expostas. Outro templo era dedicado à deusa do milho, em que uma jovem mulher personificando a deusa 7 Cobra era sacrificada à noite. "E, quando ela morreu, eles a esfolaram, [...] o sacerdote do fogo vestiu sua pele." Outro templo relacionado ao ato de cozinhar e comer carne humana foi descrito como um lugar em que "se juntavam as vítimas sacrificiais chamadas Tlalocs [...] depois de os matarem, cortavam-nos em pedaços ali e os cozinhavam. Colocavam flores de abóbora junto com sua carne, [...] e então os nobres as comiam, todos os altos juízes, mas não as pessoas comuns – somente os governantes".

Embora ocorressem importantes variações de atividade ritual nesses templos, escolas, cavaletes e outros lugares, o padrão geral começava com o *nezahualiztli*, um período preparatório de jejum, que durava geralmente quatro (ou um múltiplo de quatro) dias. Uma importante exceção era o jejum parcial de ano inteiro por parte de um grupo de sacerdotes e sacerdotisas altamente temidos, conhecidos como "comedores de deuses" ou como os "velhos irmãos de Huitzilopochtli que jejuam por um ano". Este período preparatório também envolvia vigílias noturnas e oferendas de flores, comida, roupas, borracha, papel e mastros com flâmulas, bem como incensos, derramamento de libações e cobertura de templos, estátuas e participantes dos rituais com folhagens. Procissões dramáticas, com indivíduos vestidos de maneira esmerada, movendo-se ao som de grupos musicais tocando canções sagradas, passavam pelo recinto cerimonial antes de chegarem ao templo específico do sacrifício. As pessoas a serem sacrificadas eram chamadas de *teteo ixiptla* (usurpadores de deuses).

Pode parecer uma surpresa que a forma mais comum de sacrifício fosse o autossacrifício. Isto envolvia o uso de espinhos de agave ou outros instrumentos afiados para que se pudesse furar os próprios lóbulos, coxas, língua ou, no caso de pecadores e sacerdotes, os genitais, para oferecer sangue aos deuses. O tipo mais comum de execução era a decapitação de animais como a codorna, mas os sacrifícios mais dramáticos e valiosos eram os de guerreiros capturados, mulheres, crianças e escravos. Estas vítimas eram ritualmente banhadas e cuidadosamente vestidas, e frequentemente lhes ensinavam danças especiais, e às vezes até tinham que engordar ou emagrecer durante o período preparatório. Num dos exemplos mais fascinantes, durante a festa de Toxcatl, teve-se grande cuidado em escolher um homem com um corpo perfeito para que ele se tornasse, ritualmente, o prodigioso deus

Tezcatlipoca antes de ser sacrificado. Este corpo perfeito tinha que ser

> algo macio, como um tomate, um seixo, como se tivesse sido esculpido em madeira; ele não tinha o cabelo crespo [...] não tinha a fronte irregular [...] não tinha a cabeça longa [...] não tinha as pálpebras inchadas [...] não tinha a face abatida; não tinha o nariz achatado [...] não tinha o nariz côncavo [...] não tinha os lábios grossos, nem vulgares, não era gago [...] não tinha dentes de coelho [...] Seus dentes eram como conchas do mar [...] não tinha os olhos como tomates [...] não tinha as mãos longas, nem os dedos grossos [...] não tinha o umbigo saliente; não tinha as nádegas em forma de alçapão [...] Com ele, que não tinha falha, nem imperfeição alguma, nem defeito, nem marcas, [...] tinha-se o maior cuidado para que aprendesse a tocar flauta, para que pudesse tocar seu apito. E para que, ao mesmo tempo, pudesse segurar todas as suas flores e sua pipa.

Além disso, essa pessoa vivia luxuosamente por um ano inteiro, enquanto passeava, acompanhado de guardas, por toda a cidade, tocando sua flauta, saudando as pessoas com uma prosa afável, pois era a imagem viva de um dos mais poderosos deuses astecas.

Cerca de trinta anos atrás, em periódicos acadêmicos e populares, estourou um acalorado debate sobre a extensão e o propósito do canibalismo asteca. Alguns argumentaram que os astecas se alimentavam de um grande número de pessoas porque isso era uma necessária fonte de proteína. O estado asteca foi chamado de "Reino Canibal" por um antropólogo que, infelizmente, fez um estudo muito limitado das provas. Os adversários do argumento da proteína afirmaram que o canibalismo no México asteca era, antes de mais nada, uma necessidade ritual de alimentar os deuses e renovar sua energia, e não uma necessidade gastronômica de seres humanos de alimentarem a si próprios. Isso significa que, de acordo com a visão asteca do sacrifício e do canibalismo, os deuses é que eram alimentados por meio das oferendas rituais de sangue e carne humana. Os astecas possuíam abundantes fontes de proteína em seu meio ambiente, e, portanto, consumiam apenas uma pequena quantidade de carne humana, principalmente os nobres, e em ocasiões relativamente raras.

Visão de mundo e sacrifício

A prática ritual do sacrifício humano está intimamente ligada à forma e aos ritmos da visão de mundo ou cosmovisão dos astecas, que pressupunha duas partes distinguíveis no universo: o espaço-tempo dos deuses e o espaço-tempo das criaturas deste mundo, criadas pelos deuses. Seres humanos, animais, plantas, objetos celestes, minerais e a chuva ocupavam este mundo visível, este espaço-tempo que os seres divinos penetravam através dos *malinalli*, ou portais em forma helicoidal dupla localizados em árvores, riachos, cavernas e outros lugares. Na mitologia asteca, os seres divinos deixavam temporariamente seu espaço-tempo e infiltravam-se em tudo que havia na terra, a tudo conferindo identidades, energias e os poderes de viver e procriar. Todas as criaturas e forças na terra e no ar eram feitas de sutis e eternas substâncias divinas e de duras, pesadas e destrutíveis substâncias mundanas que serviam de proteção para as substâncias divinas. Todas as formas de vida na terra eram carapaças duras a cobrir a substância divina em seu interior.

Durante vários estágios da criação do mundo, alguns deuses violaram as leis divinas e foram expulsos da região cósmica e assim vieram para a superfície da terra em tempos primordiais. Numa versão desta história da criação, um grupo de divindades reuniu-se no escuro em Teotihuacán e criou um fogo para ajudá-los a determinar os ciclos da vida na terra e nos céus. Uma dessas divindades vindas à terra, Nanahuatzin, num ato de autossacrifício, atirou-se à fogueira no centro do grupo e desceu ao submundo. Enquanto as outras divindades, apreensivas, esperavam ao redor do fogo no escuro, Nanahuatzin foi transformado na primeira criatura do novo cosmos na forma de um sol, que apareceu aos poucos no horizonte a leste. Mas, assim que apareceu no horizonte, o sol interrompeu seu movimento ascendente e tremeu de lado a lado. Os outros deuses, conscientes de que também tinham que se "sacrificar" para que o primeiro ciclo solar pudesse ter início, sacrificaram uns aos outros e desceram ao submundo para um período de incubação. Como o sol, eles adquiriram as carapaças pesadas e destrutíveis associadas à vida neste espaço-tempo e apareceram sobre a superfície da terra protegidos por essas coberturas materiais.

Todos os seres na superfície da terra, como peixes e anfíbios, veados e outros animais da floresta, insetos e aves, tornaram-se, assim, manifestações de divindades cujos sacrifícios e descidas ao mundo além-túmulo tinham-nos transformado em seres criativos. Quando esses múltiplos sacrifícios ocorreram, o sol começou a se mover em seu caminho celestial, à medida que as vidas humana, vegetal e animal começaram a existir. Nesta concepção do mundo, o autossacrifício das divindades levou à criação da vida no espaço-tempo terreno. Além disso, foram necessários os múltiplos sacrifícios dos deuses para ocasionar a criação do mundo.

Neste sistema cíclico de criação, destruição e renascimento, estabeleceu-se um sistema regular de comunicação entre o mundo das divindades e o mundo das criaturas. Os deuses podiam entrar e sair do mundo através dos *malinalli*, portais localizados em várias partes. Os ciclos de vida e morte, de estações úmidas e secas, os calendários e as passagens celestiais foram criados desta forma. Quando um homem ou um animal morria e era enterrado ou cremado, suas substâncias divinas eram liberadas da dura carapaça e retornavam ao submundo, onde esperavam o próximo ciclo de renascimento para adentrar mais uma vez o mundo das criaturas como um novo ser do mesmo tipo.

Na visão de mundo dos astecas, no entanto, os deuses necessitavam de alimentação, repouso, retribuição e renovação. Eles normalmente se fatigavam e, em alguns mitos, criavam seres humanos dos quais exigiam que os adorassem e fizessem pagamentos sacrificiais como uma forma de alimentação. Os humanos entendiam que estavam em dívida com os deuses por estes terem se sacrificado para que a vida na terra pudesse existir e ser renovada, uma dívida que poderia ser melhor paga imitando os deuses através do sacrifício. O trabalho humano e as habituais oferendas de frutas, carnes e objetos cerimoniais eram importantes para os deuses, mas insuficientes para renovar suas vidas. Somente o sangue humano era verdadeiramente suficiente para assegurar a vida continuada dos deuses e seus poderes criadores neste mundo. Disso resultou um complexo sistema de oferendas e sacrifícios criado para agradar, apaziguar e obter o apoio dos deuses com todos os seus poderes. O sol, a lua, as estrelas e todos os seres divinos do universo dependiam dessa espécie de fidelidade e de doação ritual. Os astecas, sem ter uma palavra como "sacrifício", chamavam os animais e os homens que eram mortos ritualmente de *nextlahualtin*, que significa pagamento ou restituição. Estas entidades sacrificiais eram basicamente uma "retribuição" – os prêmios que trariam equilíbrio e renovação aos deuses.

As pessoas, plantas e animais que eram sacrificados como pagamento não eram apenas símbolos, eram também os próprios deuses vivos. O guerreiro capturado no campo de batalha e trazido a Tenochtitlán para ser sacrificado era ritualmente transformado num receptáculo que continha o ser divino. A cada vez que um desses receptáculos de imagem era assassinado, os astecas repetiam a criativa morte sacrificial pela qual os deuses tinham passado nos tempos míticos em que os dois espaços-tempos do universo foram ligados através do sacrifício. Vejamos duas situações em que essa cosmovisão sacrificial era realizada: (1) o próprio Grande Templo Asteca e (2) o Festival de Esfolamento dos Homens.

O Grande Templo Asteca em esplendor e sangue

Os vários relatos sobre Tenochtitlán nos mostram que o significado e o poder do sacrifício estão fortemente ligados à *visão de lugar* que organizava a vida cotidiana asteca. O modo como conceberam e construíram ritualmente o centro cerimonial principal de sua cidade é a chave para se entender com o que os astecas acreditavam estar lidando em seus sacrifícios mensais de homens e animais. Eles construíram a capital como um microcosmo da ordem sobrenatural – o exemplar material de sua cosmovisão, seu universo em menor escala. Este sentido concentrado de um céu na terra manifestava-se no ponto central da cidade e do império, o Grande Templo Asteca, que cada *tlatoani* se esforçava por aumentar ou pelo menos redecorar e renovar por meio de generosos rituais. Esse templo central elevava-se acima das cerca de oitenta outras estruturas cerimoniais e tornou-se o palco político e ritual dos mais importantes espetáculos estatais, que expressavam uma profunda "segurança cósmica" e um

7. Close-up da parte central da Pedra do Sol asteca, retratando as quatro eras anteriores de criação e destruição em torno da imagem central de Tonatiuh, a divindade solar.

sentido de equilíbrio que encontramos gravados em detalhe na impressionante Pedra do Sol Asteca.

Contudo, esta imagem de agressiva grandeza e equilíbrio também revela que os astecas sofriam de uma "paranoia cósmica", um obsessivo sentimento de insegurança, de instabilidade, de ameaças profundas vindas dos deuses, da natureza e do panorama social. A área central da Pedra do Sol retrata as quatro eras prévias do universo em quatro caixas apertadas, cada uma com seu respectivo hieróglifo dentro – Chuva, Água, Jaguar e Vento – que circundam a Era do Quinto Sol. O aparente sentido de ordem, equilíbrio e simetria é contestado pelo fato de que cada uma destas eras – Sol 4 Jaguar, Sol 4 Vento, Sol 4 Chuva e Sol 4 Água – foi nomeada em homenagem à força da natureza que *destruiu* o universo, e não em homenagem à força que criou cada período cósmico. E a era asteca era chamada de Sol 4 Movimento, em antecipação aos terremotos que, segundo as profecias, iriam um dia destruir o mundo, o império e a cidade astecas. Os mitos dessas recorrentes criações e destruições nos falam de períodos de trevas entre o colapso de uma era e a criação de uma nova. Este padrão de nascimento, realização, destruição, trevas e renascimento é a própria visão de mundo global na qual os astecas estavam imersos e com a qual construíram sua capital e viveram sua vida cotidiana.

A deusa da Lua descoberta na Cidade do México

Em fevereiro de 1978, ao cavarem um fosso na rua detrás da Catedral Metropolitana da Cidade do México, trabalhadores da rede de eletricidade descobriram uma enorme pedra oval, em perfeitas condições, com mais de três metros de diâmetro, contendo a imagem de uma deusa asteca deformada. Um telefonema anônimo alertou o Instituto Nacional de Antropologia e História para o fato de que uma grande peça de escultura tinha sido descoberta. Em seguida os arqueólogos desenterraram o maior monolito encontrado nas Américas desde a Pedra do Sol, em 1790. A sensacional imagem da superfície retrata uma deusa decapitada e mutilada cujo precioso sangue é simbolizado por joias. Seu turbante estriado, seu estôma-

8. A Pedra de Coyolxauhqui,
retratando a mutilada Deusa da Lua.

go, seus braços e pernas estão circundados por serpentes, e um crânio é a fivela de seu cinto. Há rostos de monstros terrestres em seus joelhos, cotovelos e tornozelos. Suas sandálias indicam que se tratava de uma figura da realeza, e os símbolos em suas faces identificam-na como Coyolxauhqui, a irmã de Huitzilopochtli.

A percepção de que essa grande escultura retratava o conhecido mito registrado por Sahagún no século XVI gerou uma enorme agitação entre os estudiosos do mundo asteca. A descoberta causou uma comoção nacional no México e foi divulgada no mundo inteiro pelas principais agências de notícias. Iniciou-se o Proyecto Templo Mayor para desenterrar as fundações de toda a estrutura do Grande Templo, o que resultou na mais cara e mais intensamente explorada estrutura arqueológica das Américas. Uma das mais importantes ajudas na compreensão do que representam a Pedra de Coyolxauhqui e o Grande Templo para a visão de mundo asteca é uma *teocuicatl* (canção divina) que sobreviveu ao tempo, registrada na capital logo após a conquista.

A canção de Huitzilopochtli

Essa canção deixa claro que o lugar de nascimento e vitória de Huitzilopochtli, chamado de Coatepec (Montanha da Serpente), é o centro, o eixo e o "umbigo" simbólico da terra. A narrativa começa assim: "Os astecas reverenciavam enormemente a Huitzilopochtli, sabiam que sua origem, seus começos, foi assim". A ação teve lugar na grande montanha próxima a Tula, a cidade antiga associada a Quetzalcoatl, o homem-deus chamado de Serpente Emplumada. Coatlicue (Saia de Serpente), mãe de Coyolxauhqui e dos "quatrocentos deuses do Sul", estava varrendo um templo quando "sobre ela caíram algumas plumas". Ela apanhou as plumas, que simbolizam o sêmen divino, colocou-as em sua blusa e milagrosamente engravidou. Quando seus quatrocentos filhos ficaram sabendo que a mãe havia engravidado enquanto trabalhava no templo, "ficaram muito bravos, muito agitados, como se seu coração lhes tivesse escapado". Coyolxauhqui, a filha guerreira, "incitou-os, insuflou a ira de seus irmãos para que matassem sua mãe". O bando de irmãos preparou-se para a guerra e marchou até a distante Coatepec para atacar a mãe. Nesta cidade, ao saber do ataque iminente, a grávida Coatlicue ficou assustada e triste com a ameaça de seus filhos. Então seu filho Huitzilopochtli, ainda não nascido, a acalmou, prometendo: "Não tenha medo, eu sei o que devo fazer". Coyolxauhqui continuou a incitar seus irmãos no sentido de formarem uma beligerante tropa de guerreiros e marcharem em direção à montanha.

No momento exato em que Coyolxauhqui e seus irmãos chegaram ao topo da montanha, Coatlicue deu à luz Huitzilopochtli, que apareceu milagrosamente crescido e vestido como um grande guerreiro. Armado com a "serpente de fogo", a mais potente das espadas astecas, o deus protetor desmembrou sua irmã e aniquilou os outros guerreiros, perseguindo-os e expulsando-os da montanha sagrada. O texto é bastante específico a respeito do desmembramento de Coyolxauhqui: não apenas sua cabeça foi cortada, mas seu corpo foi feito em pedaços enquanto rolava montanha abaixo.

As escavações no Grande Templo da Cidade do México revelam que esta canção-mito sagrada foi o modelo ou a "visão de lugar" usada para construir e reconstruir o altar imperial de Tenochtitlán durante o reinado dos diversos soberanos astecas. O próprio Grande Templo foi chamado de Coatepec e consistia numa enorme pirâmide a sustentar dois templos, um dedicado a Huitzilopochtli e o outro a Tlaloc, o deus da chuva. Duas escadarias íngremes levavam até os altares. A Pedra de Coyolxauhqui foi encontrada diretamente na base da escadaria que levava ao templo de Huitzilopochtli, em cujo topo encontrava-se triunfalmente a estátua desta divindade. Nos dois lados da base da escadaria havia duas enormes e sorridentes cabeças de serpente e muitas outras se projetavam a partir de outros pontos da pirâmide. O significado simbólico da estrutura é claro. O Grande Templo é o microcosmo arquitetônico da Montanha da Serpente. Assim como Huitzilopochtli triunfou no topo da montanha enquanto sua irmã se fazia em pedaços lá embaixo, o altar e o ícone de Huitzilopochtli estão triunfalmente instalados no topo do Grande Templo, com a imagem gravada da deusa mutilada encontrada na base da escadaria. Num outro nível, porém, essa arquitetura sagrada representava o drama diário do sol (Huitzilopochtli) surgindo da terra (Coatepec-Coatlicue) e enfrentando, com sua luz, as estrelas (os quatrocentos irmãos) e a lua (Coyolxauhqui), que ele desmembrou e assimilou a seu próprio fulgor. Esse drama mítico da mutilação era vividamente repetido em numerosos rituais de sacrifício: por exemplo, quando guerreiros inimigos eram trazidos de campos de batalha distantes (como os quatrocentos guerreiros do mito), eles eram forçados a subir os degraus da pirâmide e sofrer uma morte ritual. Na verdade, podemos supor que o sacrifício de seus colegas testemunhado por Díaz del Castillo no Grande Templo reproduzia o mito segundo o qual os inimigos que ousassem atacar a Montanha de Coatepec encontrariam o mesmo destino de Coyolxauhqui e seus irmãos. O mito é bastante enfático a respeito da implacável agressão do guerreiro asteca Huitzilopochtli contra seus inimigos. Ele expulsou seus quatrocentos irmãos da Montanha da Serpente, mas não parou aí: "Ele os perseguiu, ele os caçou por toda a montanha [...] quatro vezes – e eles não tinham como se defender de nada. Huitzilopochtli caçou-os, ele os expulsou, humilhou, destruiu, aniquilou". Em outras palavras, este mito é o modelo não de um único sacrifício, mas da *escalada* de sacrifícios ou do pagamento de dívidas rituais de muitos indivíduos.

O Festival do Esfolamento de Homens: a cidade como campo de batalha ideal

Em um dos mais espetaculares sacrifícios astecas, os sacerdotes e os coreógrafos rituais transformavam a cidade num campo de batalha ideal, o campo de batalha em que nada podia dar errado para os guerreiros astecas. A intenção do Tlacaxipehualiztli (Festival do Esfolamento de Homens) era, em parte, mostrar aos jovens e a outros moradores da cidade que, enquanto lá fora o verdadeiro campo de batalha podia ser um lugar de vitória ou de derrota para seus exércitos, o campo de batalha ritual aqui dentro era o lugar de uma vitória esplêndida e sangrenta para os astecas.

A transformação da cidade em um campo de batalha ideal era realizada durante o período de quarenta dias em que os guerreiros capturados – que passavam pela mudança espiritual e social de inimigos humanos para seres divinos – eram exibidos ao público, ganhavam novos nomes, eram forçados a dançar com seus captores e acabavam por ser sacrificados no templo de Xipe Totec ou numa pedra gladiatória circular. Seus corpos eram pintados com longas listras vermelhas e eles passavam por uma vigília noturna durante a qual seus cabelos eram arrancados da parte superior da cabeça, o lugar em que residia a alma *tonalli*. Os captores guardavam os cabelos como uma parte potente de um "homem águia" cujo destino após o sacrifício era habitar "na presença do sol". Por fim, os prisioneiros, agora tidos como "imagens divinas", eram agarrados pelos cabelos e forçados a subir os degraus até o altar de Huitzilopochtli. Alguns deles resistiam ou desmaiavam, mas alguns "não agiam como mulheres; ficavam fortes como um homem, portavam-se como um homem, partiam falando como um homem, sendo eles mesmos, fortes de coração, gritando, [...] exaltando sua cidade [...] 'Aqui vou eu: falarão em mim na minha terra natal'". O prisioneiro era estendido sobre a pedra sacrificial por seis sacerdotes, que arrancavam seu coração ou "fruto precioso da águia-cacto", e ofereciam seu poder nutritivo ao sol antes que ele fosse colocado no "vaso da águia". O prisioneiro assassinado era agora chamado de "homem águia" e, como Coyolxauhqui, seu corpo rolava "fazendo-se em pedaços, de pernas para o ar, [...] até chegar à plataforma na base da pirâmide".

O corpo fragmentado era levado pelos mais velhos até o templo local, onde retiravam sua pele, cortavam e distribuíam com pequenos pedaços de carne aos parentes de sangue do captor numa tigela com ensopado de milho seco. O heroico captor – agora devidamente enfeitado e presenteado – e seus colegas, vestindo as peles sacrificiais, andavam de porta em porta num antigo ritual do tipo "travessura ou gostosura", com o fim de coletar alimentos na qualidade de novos "proprietários de peles". Segundo Diego Durán, que entrevistou várias testemunhas oculares astecas décadas mais tarde, as mulheres traziam seus filhos até estes "proprietários de peles" itinerantes, e estes as pegavam nos braços, diziam algumas palavras especiais, davam quatro voltas ao redor do pátio da casa e devolviam as crianças a suas mães, que então presenteavam estas imagens vivas do deus Xipe Totec. Os movimentos pela vizinhança eram considerados uma provocação pelos homens locais e frequentemente acabavam em violentas e indisciplinadas batalhas de mentira entre grupos rivais de jovens guerreiros astecas. Estes grupos eram vigiados e seguidos por guerreiros veteranos vestidos como Xipe Totec e Yohuallahuan (Bebedor Noturno), que os ameaçavam e às vezes os capturavam, levando-os para um templo de onde exigiam seu resgate em troca de peruas ou mantos. Estes movimentos rituais finalmente acabavam no palácio de Motecuhzoma, com demonstrações ainda mais pródigas, já que ele mesmo e os governantes de Tezcoco e Tepaneca vestiam as peles das vítimas mais importantes e dançavam no centro cerimonial. Ali Motecuhzoma fazia um discurso eloquente e presenteava os guerreiros com roupas e alimentos por conta de suas realizações.

O espetáculo de Tlacaxipehualiztli culminava num sacrifício gladiatório que tinha lugar à vista de todos, perto do coração do principal centro cerimonial. O drama do ritual sacrificial começava quando grandes multidões adentravam a cidade. Eles viam os prisioneiros e seus captores marchando vestidos de maneira suntuosa, acompanhados por alaridos musicais, até a elevada pedra gladiatória circular, seguindo guerreiros vestidos de águia e de jaguar que dançavam, saltitavam e exibiam escudos e cajados com lâmina de obsidiana levantados em homenagem ao sol. Com sons de conchas, cantos e assovios, o sacrifício começava quando o captor levantava o prisioneiro pelos cabelos e o levava até a pedra sacrificial, onde erguia quatro vezes uma taça de *pulque*, uma bebida fermentada, e a ingeria através de uma espécie de longo canudo de bambu. O prisioneiro era forçado a beber *pulque* e levado, também à força, até a pedra redonda onde o "Velho Urso", um sacerdote vestido com pele de urso, o prendia ao centro da pedra pelos tornozelos ou pela cintura com a "corda de sustentação". Ao prisioneiro era dado um porrete de guerra com plumas, e ele era então atacado por um dançante guerreiro jaguar armado com um porrete de guerra crivado de obsidianas. Se o prisioneiro por acaso conseguisse derrotar o primeiro guerreiro asteca, outros três eram enviados sucessivamente para destruí-lo. No final, coberto de cortes nas panturrilhas, nas coxas e no peito, o prisioneiro era liquidado e por fim esfolado e mutilado.

A mensagem desses pagamentos de dívidas rituais – "em nossa cidade vencemos todas as batalhas" – era transmitida por toda Tenochtitlán, embora também houvesse pessoas de fora da cidade presentes nesses rituais. Os governantes e nobres estrangeiros "de cidades que eram suas inimigas de detrás das montanhas, [...] aqueles com os quais guerreava, Motecuhzoma secretamente convocava" para a cerimônia. Os príncipes de cidades rivais e tributárias eram guiados, incógnitos, até um lugar estrategicamente oculto para assistir aos sacrifícios. Colocados em espaços com vegetação espessa para que não pudessem ser vistos pelos cidadãos de Tenochtitlán, eles eram forçados a assistir à destruição de seus melhores guerreiros em meio a gritos, sons de conchas e de clarins e danças. Uma guerra cósmica, de fato.

Capítulo 5

Mulheres e crianças: tecelãs de vida e os preciosos colares

Os cronistas espanhóis nos deixaram uma imagem contraditória da vida das mulheres astecas. Um dos relatos afirma que o lugar da mulher era "no coração da casa, [...] seu lugar era apenas dentro de casa". Porém, quando os espanhóis sitiaram a capital e o jovem soberano Cuauhtemoc precisou de guerreiros para defendê-la, ele "fez todas as mulheres subirem nos telhados das casas, de onde faziam gestos de desprezo direcionados aos espanhóis". Cortez "ficou assustado e temeu não ser capaz de conquistar o México". As mulheres também eram sacrificadas em cerimônias destinadas à renovação dos campos de milho e, num determinado ritual, um pedaço da pele da coxa de uma mulher era levado até a fronteira do império asteca e colocado numa coluna como um gesto de provocação dirigido aos guerreiros de um reino inimigo.

Os principais papéis atribuídos às mulheres astecas eram os de donas de casa, sacerdotisas e parteiras, bem como o de responsáveis pela educação das crianças, conhecidas como "preciosos colares", na família e na escola. Mas seu trabalho, seus papéis sociais e seu valor simbólico estendiam-se por toda a vida cotidiana do império asteca, ao mesmo tempo em que dominavam os espaços domésticos das vilas e cidades.

Mulheres astecas à vontade no mundo

Muitas das cenas do *Códice Mendoza* que retratam o ciclo da vida asteca focalizam a vida das mulheres. Na cerimônia de batismo pela qual as crianças passavam quatro dias depois do nascimento, o destino social de meninos e meninas era assinalado pelos primeiros objetos dados a eles para segurar e brincar. Os meninos eram estimulados a tocar e segurar pequenos arcos, flechas e escudos, sinalizando que seu destino era o do guerreiro criado para defender e fortalecer a sociedade. As meninas ganhavam brinquedos de fiação e tecelagem em miniatura e uma pequena vassoura para prepará-las para a vida doméstica em que iriam limpar, cozinhar e tecer, na condição de esposas e mães. As mulheres tinham um papel central no momento ritual em que a parteira oficiava a cerimônia, enquanto as mães recentes vigiavam a banheira de água morna que esperava pela criança. As parteiras eram especialistas médicas que discursavam de maneira eloquente para as novas mães e seus bebês, no caso uma menina recém-nascida: "Minha amada donzela, minha jovem, nobre mulher, tu estás exausta, tu te cansaste [...] Nosso senhor, o senhor do próximo, do íntimo, te enviou [...] Tu ficarás no coração da casa, não irás a lugar algum, não te tornarás um andarilho, tu irás te tornar o fogo retido, o lar".

Esta é uma típica cena doméstica, dominada por mulheres que eram as guardiãs do fogo, as especialistas em cozinhar, limpar, cuidar das crianças, manter a casa da família e seu centro. Embora largamente ignoradas pelas histórias erudita e popular até recentemente, torna-se cada vez mais claro como as mulheres, as crianças e os espaços domésticos estavam envolvidos na transmissão de valores culturais e em todos os aspectos da vida da capital, das comunidades rurais e do império asteca. As mulheres eram poderosas domesticadoras da vida social e suas habilidades como cozinheiras, tecelãs, projetistas, amantes e curandeiras estendiam sua influência para muito além de seus lares. Pesquisas recentes revelam que as mulheres recolhiam a seiva das plantas de agave e a fermentavam para produzir uma bebida alcoólica, o *octli* (*pulque*). Elas criavam perus e cuidavam de plantas, viajavam até os mercados, onde trocavam produtos agrícolas, ervas do campo, sal, tochas, lenha, comidas preparadas e produtos têxteis. As mulheres eram valorizadas como curandeiras e parteiras e Sahagún ressaltou que elas eram respeitadas por serem "fortes, resistentes, energéticas, infatigáveis, [...] extremamente fortes, animadas, vigorosas", ao passo que a mulher nobre ideal era "paciente, gentil, bondosa" e "digna de ser obedecida".

As mulheres, e isso não é surpresa alguma, fizeram contribuições vitais para a economia asteca. Dividiram com os homens a responsabilidade de prover alimentos e vestuário para a família; eram altamente talentosas na transformação do milho em comidas diversas, inclusive *tortillas* e *tamales*, com uma imensa variedade de molhos feitos com feijões, tomates, abacates, *tomatillos*, pimentas, abóboras, cogumelos, aves aquáticas, peixes, coelhos, sapos, perus e cães. Equipes compostas em sua maioria por cozinheiras mulheres preparavam grandes quantidades de alimentos para as várias cerimônias e espetáculos reais e ainda abasteciam as tropas astecas durante suas numerosas campanhas longe e perto da capital. Na prática, as mulheres alimentavam tanto o império quanto suas famílias.

Talvez sua maior contribuição econômica tenha sido a tecelagem. Mães e filhas extraíam cuidadosamente as fibras do agave e do algodão e as fiavam em diversos tipos de teares para gerar produtos têxteis de design atraente e intricado largamente comercializados. Algumas cidades pagavam seus tributos à Bacia do México com vastas quantidades de algodão, transformado pelas mulheres em mantos, tangas, saias e blusas que também podiam ser feitos para atender a demandas locais. De certo modo, ao vestir pessoas de todas as classes e idades, as mulheres urdiram o mundo asteca por meio de suas habilidades e de seu senso estético. No auge do império, mais de 240 mil peças de roupa eram coletadas anualmente como tributo pela Tríplice Aliança e redistribuídas nos principais mercados. Muitas dessas peças eram itens de elite, com as quais o soberano asteca orgulhosamente agraciava funcionários do governo, famílias nobres, guerreiros e outros burocratas do reino. As mulheres muitas vezes se beneficiavam economicamente com suas

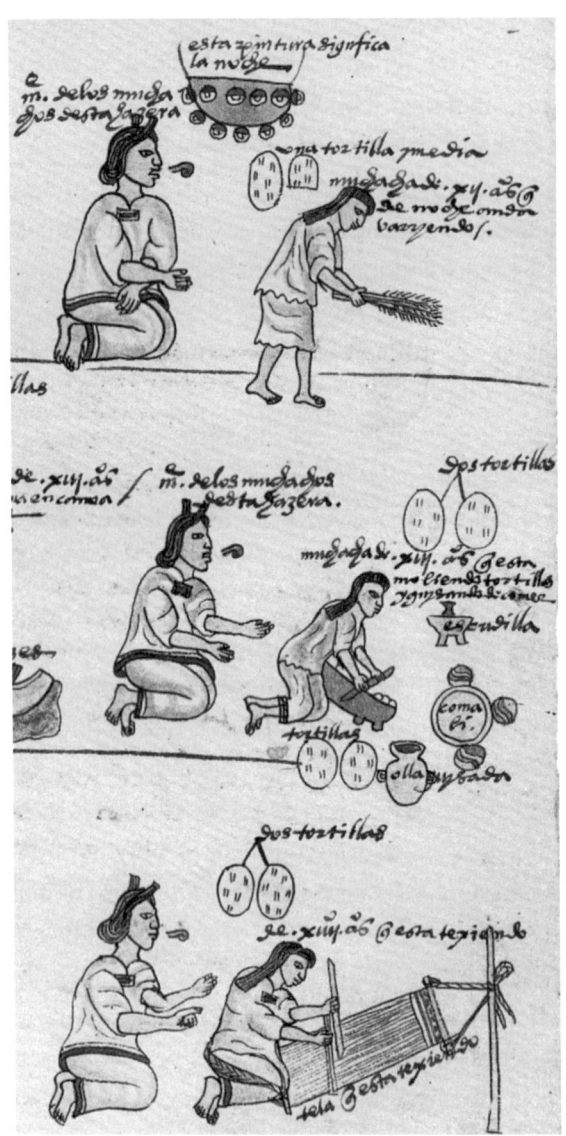

9. Mães astecas ensinando suas filhas de 12, 13 e 14 anos a varrer, cozinhar e tecer.

habilidades e contribuições – algumas se tornaram fornecedoras, mercadoras ou administradoras de mercados e tinham influência sobre os preços neles praticados.

O status social das mulheres também provinha de seus poderes religiosos como curandeiras e parteiras. Elas ajudavam a manter a saúde dos habitantes do mundo asteca e prestavam assistência a todas as mães que davam à luz uma crescente população. Isso exigia que um extraordinário conhecimento ritual, farmacológico e mítico fosse transmitido de mãe para filha, de mulher para mulher. Fontes pictóricas e etnográficas revelam que essas mulheres misturavam diagnósticos naturais e sobrenaturais com estratégias de tratamento que envolviam animais, plantas, canções, banhos de suor e contação de histórias. Estudos recentes demonstram que as mulheres astecas possuíam um conhecimento eficaz de uma enorme variedade de plantas medicinais, muitas delas hoje consideradas úteis segundo os parâmetros e práticas da biomedicina ocidental.

As mulheres também desempenharam um papel significativo no sacerdócio. Em alguns casos, uma criança era levada ao templo por sua mãe pouco mais de um mês depois de nascida, para que fosse dedicada ao serviço religioso. Quando se tornava uma adolescente madura, transformava-se numa *cihuatlamacazqui* (sacerdotisa), vivendo uma vida celibatária para que pudesse concentrar suas energias nos deveres religiosos e nas diversas cerimônias espalhadas ao longo do ano. O festival de Ochpaniztli, dedicado à deusa Toci (Nossa Avó), era dirigido por uma sacerdotisa, enquanto uma assistente chamada de Iztaccihuatl (Mulher Branca, pois era pintada de branco) ficava responsável pela decoração, pela preparação dos espaços rituais, por varrer os lugares sagrados e por acender e apagar os fogos rituais. Era possível que uma mulher abandonasse o sacerdócio para se casar, mas o pretendente tinha que abordar adequadamente a família, o templo e a jovem mulher. Um texto nos fala que uma sacerdotisa podia se casar "se fosse pedida em casamento, se as palavras fossem corretamente proferidas, se os pais, as mães e os notáveis concordassem".

Temos a sorte de existirem algumas vívidas descrições destas sacerdotisas se vestindo, dançando e conferindo alento, beleza e poder às cerimônias. Décadas após a conquista, os velhos astecas lembravam-se que "as mulheres [...] estavam de fato cuidadosamente vestidas [...] Algumas de suas saias tinham desenhos de corações, outras tinham um desenho como de moelas de aves; algumas eram enfeitadas como colchas, outras tinham desenhos de espirais ou de folhas [...] E algumas de suas camisas tinham enfeites pardos pendurados, outras tinham símbolos de fumaça, algumas tinham enfeites verde-escuros, algumas tinham desenhos de casas [...] E, quando dançavam, soltavam os cabelos, e os cabelos simplesmente as cobriam como se fossem roupas. E elas traziam tranças sobre a testa".

Um destino especial aguardava as almas das mulheres que morriam ao dar à luz. Elas eram equiparadas aos guerreiros que morriam em batalhas ou na pedra sacrificial.

Elas também tinham sacrificado suas próprias vidas para que uma nova vida pudesse vir ao mundo. Suas almas subiam ao lado feminino dos céus, onde as mulheres viviam juntas e acompanhavam o sol desde o zênite até a hora do pôr do sol. Em certos dias seus espíritos desciam à terra e assombravam os vivos, apenas para lembrá-los do sofrimento e das contribuições que as mulheres tinham feito a suas vidas.

A história e as esculturas sagradas da deusa--mãe Coatlicue (Saia de Serpente) e da deusa da Lua Coyolxauhqui (Sinos Pintados) demonstram que as divindades femininas eram tremendamente poderosas na religião e na vida cotidiana dos astecas. Outras deusas de destaque incluem Mayahuel (*pulque*), Chalchiuhtlicue (lagos e rios), Chicomecoatl (milho) e Huixtocihuatl (sal). Estas deusas eram próximas às pessoas comuns que trabalhavam como pescadores, agricultores, coletores de sal e barqueiros. Uma deusa muito popular, que mais tarde foi identificada com a Virgem de Guadalupe, era Teteoinnan, também conhecida como Toci, protetora das parteiras. Duas deusas fascinantes foram a bela Xochiquetzal (sexualidade e festas) e sua contraparte Tlazolteotl (transgressão carnal, obscenidade e absolvição das transgressões sexuais), reverenciada por tecelãs, ourives e escultoras.

As mães ensinavam seus filhos a prover os altares dedicados às deusas com alimentos, incenso de copal e outros atos de purificação para começar o dia. Estas práticas tiveram continuidade de maneiras mais sofisticadas nas comunidades dos templos em que as sacerdotisas cuidavam dos fogos, incensavam as estátuas de deusas e deuses e mantinham-nas adornadas com vestimentas ricamente tecidas e bordadas.

A educação dos "preciosos colares"

Um pai que levava o filho para o primeiro dia de aula na escola proferiu este discurso: "Nosso senhor, senhor do próximo, do íntimo, [esta criança] é sua, ela é sua venerável criança. Nós a colocamos sob seu poder, sua proteção, junto a outras crianças veneráveis; porque o senhor vai ensiná-las, educá-las, porque vai fazer delas águias, jaguares, porque vai instruí-las por nossa mãe, nosso pai, Tlaltecuhtli, Tonatiuh".

Estas palavras refletem a visão asteca de que a educação integrava os homens num contexto mais amplo de seres em que a natureza, a sociedade e o divino mesclavam-se e interagiam constantemente. A referência a águias e jaguares aponta para uma vocação militar, e a menção a duas divindades demonstra que os ensinamentos religiosos faziam parte de todo currículo asteca. A sobrevivência dos homens dependia do "senhor do próximo e do íntimo", que protegia as crianças e as punia com seus poderes sagrados. Os pais astecas sabiam o que todos os seus filhos tinham que aprender, ou seja, que seus verdadeiros pais eram os deuses.

O relacionamento entre a família, as escolas-templo e as divindades era ratificado durante a primeira visita à escola, momento em que os sacerdotes faziam incisões nos corpos das crianças – signos visíveis de mudança social e espiritual. Perfurava-se o lábio inferior dos meninos e ali se inseria uma joia. As meninas recebiam pequenos cortes nos seios e no quadril, feitos com lâminas de obsidiana. Estas incisões significavam sua iniciação num processo educacional perpétuo do qual dependiam suas vidas. O equivalente asteca do verbo "educar" era *tlacahuapahua* ou *tlacazcaltia*, que significa "fortalecer pessoas" ou "fazer as pessoas crescerem". O crescimento e o fortalecimento eram atingidos por meio de uma série de rituais, ao longo de muitos anos, que incorporavam crianças, adolescentes e jovens adultos às atividades da família, da sociedade, da agricultura e da guerra.

O afeto e a disciplina eram essenciais para o crescimento saudável das crianças. Elas eram encorajadas a expressar seus sentimentos e atitudes abertamente, mesmo sendo cuidadosa e constantemente observadas e repreendidas pelos pais. Aos quatro anos de idade, as crianças eram submetidas a um ritual especial de crescimento chamado "Elas Alongam Seus Pescoços", em que eram purificadas pelo fogo, colocavam-se brincos em seus lóbulos perfurados, eram erguidas pela fronte e tinham os membros esticados. Numa outra cerimônia, celebrada a cada 260 dias, no dia 4 Movimento, esticavam-se o nariz, o pescoço, as orelhas, os dedos e as pernas destas crianças, para estimular o crescimento adequado ao longo do próximo ciclo de 260 dias. Nessa cerimônia as crianças eram apresentadas aos números sagrados 4 e 260 (associados às quatro direções do cosmos e à conclusão do calendário ritual), que continuariam a guiá-las mesmo após a morte. Alguns padres espanhóis destacaram a alta qualidade dos cuidados dispensados às crianças astecas e registraram vários eloquentes elogios feitos a elas por seus pais e parteiras. Por exemplo, as jovens eram chamadas de "meu precioso colar, tu que és minha pluma preciosa, [...] minha criação, [...] meu sangue, minha cor, minha imagem".

Os jovens astecas recebiam ensinamentos detalhados acerca de higiene pessoal e de desenvoltura social, e também a respeito daquilo que deviam evitar em seu dia a dia. Oito ensinamentos eram transmitidos às crianças de famílias abastadas. O primeiro as aconselhava a passarem algumas noites em piedosa vigília dirigida ao "deus do próximo e do íntimo", durante a qual ofereceriam incenso e varreriam o templo ou a casa. O segundo exortava-as a andarem em público numa postura aprumada, com prudência e diligência, "a menos que quisessem ser chamadas de tolas e desavergonhadas". As crianças eram desaconselhadas a olhar diretamente nos olhos de qualquer pessoa com quem estivessem falando, especialmente pessoas de fora da família. Olhar fixamente para uma mulher, principalmente para uma mulher casada, era considerado um claro assédio sexual e algo que podia ser severamente punido. Fofocas e rumores tinham que ser evitados a qualquer custo, já que, para os astecas, conspirações de natureza social ou mágica levavam inevitavelmente a uma vida de crimes. Comparecer pontualmente ao trabalho ou a qualquer tipo de encontro era algo crucial, uma vez que os astecas odiavam a preguiça, a negligência e a arrogância. Os sacerdotes às vezes batiam em pessoas preguiçosas com um bastão. Quanto à maneira de se vestir, um código público enfatizava a limpeza e a ausência de qualquer tipo de ostentação. Os mantos tinham que estar cuidadosamente amarrados de maneira a cobrir os ombros, ou a pessoa seria considerada um bufão, um louco e um depravado. As falas em público tinham que ser feitas suavemente, com ritmo e controle de respiração apropriados. Soar como uma pessoa que estivesse gemendo ou chiando era algo que devia ser estritamente evitado. Finalmente, as recomendações mais importantes tinham que ver com o que as pessoas levavam à boca. Comer e beber de maneira prudente era uma virtude, ao passo que a gula e o desleixo eram características tidas como física e socialmente condenáveis e perigosas. As mãos e o rosto deveriam ser lavados antes de cada refeição e quando se comia com outras pessoas. As instruções alertavam: "Não se sente tão rapidamente [...] e, quando acabar a refeição, deve rapidamente pegar a bacia para lavar as mãos".

Algumas cenas do *Códice Mendoza* demonstram que esta severa disciplina incluía punições por comportamentos inaceitáveis, como a preguiça, a grosseria e a arrogância. Meninos especialmente desobedientes tinham as mãos e os pés amarrados e espinhos de agave enfiados nos ombros, nas costas e nas nádegas. Quando estas reprimendas não conseguiam mudar seu comportamento, os desobedientes eram forçados a inalar fumaça de pimenta ou, com os pés e as mãos amarrados, forçados a dormir a noite inteira no chão úmido. Os astecas tinham um ditado que se aplicava às crianças indisciplinadas, a indicar a seriedade do mau comportamento: "*Anjtlanammati, Anjtlatamati*", que significava "não levo em consideração minha mãe, não levo em consideração meu pai".

A razão dessas medidas severas era, em parte, a noção que os astecas tinham de habitar um cosmos arriscado, cheio de perigos sociais e espirituais e de erupções do caos sob a forma de doenças, animais selvagens, terremotos, tempestades, rivais e inimigos. "Viajamos sobre a terra, vivemos perto do pico de uma montanha. Aqui há um abismo, acolá outro abismo. Onde te desviares do caminho, onde te perderes, ali cairás, ali mergulharás nas profundezas".

Os astecas pregavam constantemente a disciplina e a frugalidade, especialmente em relação à promiscuidade sexual e à embriaguez. As relações sexuais antes do casamento eram consideradas perigosas porque levavam às doenças de pele e à morte. Tanto homens quanto mulheres eram pressionados a se abster de sexo até que se casassem, já que isto protegia seus corações de serem infectados com "excrementos" e autodestruição. As mulheres jovens eram "uma preciosa esmeralda, uma preciosa turquesa" que precisava se manter limpa, pura e sem experiência sexual até que se escolhesse um marido. Elas também aprendiam que precisavam estar prontas para se comprometerem integralmente quando aparecesse o jovem certo, aquele enviado por uma das divindades (significando um par perfeito). "Não te entregues ao aventureiro, ao inquieto dado ao prazer, ao jovem perverso [...] Quando avistares aquele que, junto contigo, resistirá até o fim, não o abandones. Toma-o, apega-te a ele mesmo que seja pobre, mesmo que seja um pobre guerreiro águia, um pobre guerreiro jaguar".

Os meninos astecas também sentiam estas pressões atuando fortemente contra os desejos da puberdade. A fim de obter um "bom coração", os jovens tinham que imitar os sacerdotes devotos, os penitentes, os homens castos, os anciões, escribas e guerreiros honrados pela guerra, e evitar "a ânsia pelo vício, pela obscenidade [...] o que é fatal. Pois o deus do próximo, do íntimo, disse estar destinada uma mulher para cada homem, [...] tu não deves devorar, engolir a vida carnal como se fosses um cão". O verdadeiro objetivo era o controle sexual para que, no casamento, fossem geradas crianças vigorosas e ágeis, limpas e bonitas. Podemos entender a intensidade destas mensagens ao verificar que, para os astecas, uma transgressão sexual ofendia não apenas a pessoa que cometia o ato imoral mas também seus parentes, irmãos e amigos. A má conduta sexual transformava-se numa espécie de contágio social, num vírus espiritual e psicológico, numa força nociva que crescia e se espalhava pela família, pela vizinhança e pelos amigos.

A educação nas *calmecac* incluía treinamento militar, mecânico, astrológico e religioso. Os jovens, homens ou mulheres (em escolas separadas), eram ensinados, a partir de grandes manuscritos pictóricos, a respeito da genealogia, da história, da geografia, da mitologia e das leis e artes da sociedade. Como em outras escolas, as canções e as danças eram centrais para a vida nas *calmecac*. Recitavam-se, dançavam-se e cantavam-se canções divinas falando da vida dos deuses, dos sonhos e do calendário. Embora este tipo de escola fosse particularmente atraente para as famílias nobres, parece que as pessoas comuns também consagravam seus filhos aos rigores e riquezas das *calmecac*.

Outra escola importante era a *telpochcalli*, ou "casa do jovem", onde a grande maioria dos meninos de quinze anos, na maior parte oriundos de famílias comuns, era treinada para a vida militar. Na medida em que a *telpochcalli* envolvia uma preparação com foco na guerra, seus instrutores exigiam destes jovens atenção total, um grande esforço físico, bravura e a capacidade de suportar dores intensas. A sociedade inteira acreditava que seu bem-estar dependia do treinamento e da coragem de seus defensores, e portanto fazia grandes exigências às *telpochcalli* no sentido de formar guerreiros poderosos.

Uma dura lição para a juventude asteca

Embora os astecas gostassem em grande medida do prazer, dos jogos de palavras engenhosos e de muitos outros tipos de arte, eles também aprendiam as duras lições sobre a vida humana. A canção abaixo é cantada até os dias de hoje em algumas comunidades indígenas:

Moramos nesta terra
Somos todos frutos da terra
A terra nos sustenta
Crescemos aqui, em terra e flor
E, quando morrermos,
Murcharemos na terra
Somos todos frutos da terra
Comemos da terra
Então a terra nos comerá.

Uma noção de reciprocidade entre os homens, a natureza e os deuses era ensinada desde cedo às crianças astecas, que aprendiam que a terra não é apenas um jardim que nos alimenta, mas também uma boca faminta: mandíbulas cósmicas que exigem ser alimentadas por seres humanos. Todo homem chegaria à morte, que significava destruição e fragmentação, mas que também era a entrada para um outro mundo em que existia outro tipo de vida, regrada por rituais. Às crianças também se assegurava que, caso morressem no início da infância, teriam uma boa vida após a morte e seriam amamentadas por uma árvore no paraíso. Quando morriam, essas crianças se transformavam em esmeraldas e em preciosas turquesas e braceletes. Não iam para o terrível lugar dos ventos gelados chamado Mictlán, mas sim para Xochatlalpán (Lugar da Abundância da Água das Flores), onde eram amamentados por uma eterna árvore de sustento.

À medida que envelheciam, no entanto, as opções entre a vida e a vida após a morte ficavam mais diversas.

As crianças aprendiam que seus corpos continham não uma mas três entidades anímicas cujos destinos finais eram determinados pela maneira como elas viviam ou morriam. Essas três "almas" eram a *tonalli*, localizada na cabeça, que era a alma da força de vontade e da inteligência; a *teyolia*, localizada no coração, a alma da ternura e da vitalidade; e a *ihiyotl*, localizada no fígado, a alma da paixão, da atração luminosa e da agressão. As três almas eram dons dos deuses que estavam depositados no corpo humano, mas os animais, as plantas e os objetos também eram habitados por forças anímicas. Na hora da morte, estas três almas dispersavam-se por diferentes regiões do universo. Embora os textos a respeito desta separação das almas nem sempre sejam consistentes, parece que elas podiam ir para um de quatro lugares: Mictlán, no submundo, para aqueles que tinham uma morte comum; o sol no céu, para os guerreiros que morriam em combate, pessoas sacrificadas ao sol e mulheres que morriam ao dar à luz pela primeira vez; Tlalocán, o paraíso montanhoso do deus da chuva, para aqueles cuja morte tivesse sido causada pela água ou por forças a ela relacionadas, como a geada ou doenças como a gripe; ou Chichihualcuauhco, reservada exclusivamente para os bebês que morriam enquanto ainda estavam sendo amamentados por suas mães, ou seja, que ainda não tivessem sido alimentados pela terra.

Um ensinamento interessante era que um cão divino, que vivia a vida após a morte, podia ajudar na jornada da alma *teyolia*. As chamas da cremação chamavam o cão do submundo até a margem de um rio subterrâneo para que ele ajudasse a alma do morto a cruzar para o outro lado, onde se faziam oferendas a Mictlantecuhtli, o Senhor dos Mortos. Acreditava-se que os guerreiros sacrificados levavam consigo os dotes de guerra que ostentavam quando eram mortos na pedra sacrificial. Em alguns casos isso incluía as plumas de pássaros poderosos que os ajudariam, após a morte, a voar pelos céus junto com o sol.

Tudo indica que ao menos uma das almas, a *teyolia*, residente no coração, não deixava o corpo até o momento da cremação. Isso era especialmente verdadeiro no caso de um governante morto, que ainda podia se comunicar com seus ministros através da *teyolia* até que o corpo fosse queimado. O fogo que consumia o cadáver carregava a alma na jornada até o seu devido lugar na vida após a morte. O ritual de fogo era a ocasião em que os parentes faziam oferendas, derramavam lágrimas e faziam orações em frente à fornalha. Os atos rituais protegiam a alma e lhe davam força durante sua perigosa jornada. No caso de certos governantes, os servos eram sacrificados e cremados numa pira próxima, mas seus corações eram arrancados e queimados na mesma pira do *tlatoani* morto. Estes corações, a *teyolia* dos servos, acompanhavam a alma do governante e a protegiam ao longo de sua jornada, juntamente com vasos de bebidas revigorantes e roupas da realeza.

Isto significa que os astecas tinham uma prática similar ao culto de relíquias que associamos à Europa medieval. Os ossos dos governantes e de outros que tivessem obtido uma reputação divina quando vivos eram guardados em recipientes especiais (caixas, vasos ou jarros) e exibidos ou enterrados em templos. Eles recebiam oferendas e, em troca, as almas dos falecidos conferiam força e proteção à comunidade. Vários desses relicários foram encontrados no Grande Templo Asteca nos últimos trinta anos.

Uma poderosa imaginação religiosa era inculcada nas crianças em crescimento durante os anos escolares na *calmecac* ou na *telpochcalli*. Elas aprendiam que as almas dos mortos podiam viajar até uma vida depois da morte, mas que algumas partes podiam também ficar próximas à família, à cidade ou à comunidade, porque não estavam confinadas aos limites físicos do corpo ou de seus restos mortais. Era possível inspirar-se, melhorar ou assombrar-se com estas partes remanescentes das almas. As almas dos mortos também podiam ligar-se ou integrar-se a deuses e deusas, e assim revitalizá-los. Isto era particularmente verdadeiro quando se tratava de governantes, grandes guerreiros e artistas e poetas distintos. O exemplo mais extraordinário é o de Topiltzin Quetzalcoatl, governante dos famosos toltecas. Diz-se que, quando foi cremado, sua *teyolia* subiu aos céus e transformou-se no planeta Vênus, que os toltecas chamavam de Tlahuizcalpantecuhtli, o Senhor da Casa do Alvorecer.

Seres de todos os tipos – plantas, deuses, animais, homens, insetos, a água e as pedras – compartilhavam uma essência comum, e a proximidade entre homens e deuses ficava evidente nas práticas de sepultamento. O frei espanhol Bartolomé de Las Casas, que passou anos vivendo entre os índios, ensinando-os e protegendo-os, testemunhou e participou de muitos enterros. Ele escreveu sobre as sofisticadas práticas dos discursos, ritos e lamentos e registrou que as pessoas normalmente vestiam os falecidos com as diferentes vestimentas e insígnias dos deuses. As crianças eram vestidas como o deus que elas acreditavam ser seu protetor; os mercadores eram vestidos como os deuses mercadores; as famílias dos indivíduos executados por terem cometido adultério faziam pequenas imagens de Tlazolteotl, a deusa da transgressão sexual. Para os que morriam afogados, suas famílias faziam imagens do deus da água, Tlaloc, com a esperança de que ele cuidasse de suas almas na vida após a morte.

Capítulo 6

Jogos de Palavras, Filosofia, Escultura

O mundo asteca nos apresenta um profundo paradoxo. Como uma sociedade tão devotada à regeneração cósmica através de guerras expansionistas e de estocadas de facas cerimoniais pôde cuidar de modo tão consumado e hábil da arte plumária, da poesia, da escultura e da educação infantil? De que modo um povo que gastava tanta energia, organização, sangue e riqueza em esforços para obter e sacrificar homens e animais pôde conceber e executar a maravilhosa Pedra do Sol, projetar e realizar muitíssimas outras obras-primas e organizar uma das mais grandiosas paisagens arquitetônicas na história do urbanismo? Embora quase todo mundo tenha ouvido falar algo sobre os ritos sanguinários dos astecas, quase ninguém sabe que eles também foram renomados artistas da palavra e da adivinhação cujas formulações filosóficas impressionaram fortemente muitos espanhóis. No entanto, a imagem dos astecas que nos mira através deste conjunto de evidências é a de uma surpreendente justaposição de flores, canções e sangue.

Em nenhum outro lugar esse paradoxo se apresenta mais claramente do que nas criações estéticas dos *tlacuiloque* (escribas), escultores e *tlamatinime* (professores-filósofos) astecas. A memória asteca traçava a origem de suas soberbas práticas estéticas ao reino tolteca de Quetzalcoatl, ao qual se atribuía o aperfeiçoamento da sabedoria, dos calendários, da arte plumária, da escultura e da joalheria de turquesas e esmeraldas. Esta linhagem, que remontava à era criativa da Serpente Emplumada, revela a concepção de que o trabalho artístico, como todo o resto, estava impregnado das forças divinas que se originaram para além do gênio humano, mas que escolheram os homens como o canal através do qual seus poderes regenerativos se expressariam na arte, arquitetura, teatro e agricultura. O modelo cultural da arte e do espaço social asteca foi a cidade de Tollán. De acordo com Sahagún, "a casa tolteca [...] consistia de quatro habitações. Uma estava voltada para o leste, e esta era a casa do ouro, na qual o reboco tinha lâminas de ouro. Outra estava voltada para o oeste, em direção ao sol poente, e esta era a casa da esmeralda, a casa da requintada turquesa [...] Outra voltava-se para o sul, na direção das terras irrigadas, e esta era a casa das conchas ou da prata [...] Outra estava voltada para o norte, na direção da planície [...] esta era a casa vermelha, porque tinha conchas vermelhas incrustadas nas paredes internas".

O compromisso com uma ordem equilibrada da cidade e do cosmos continuou até o tempo dos astecas e foi lindamente elaborado em muitas artes e ofícios, incluindo a ourivesaria, a arte plumária, a poesia e a linguagem humanas, bem como a escultura. Mas comecemos com a diversão que se encontra em algumas charadas e provérbios astecas.

Jogos de palavras e charadas

Pode parecer surpreendente que os astecas tenham sido grandes charadistas. Seu soberbo uso da palavra ultrapassava a oratória eloquente, equilibrada e rítmica dos governantes, sacerdotes e parteiras, para incluir os jogos de palavras contidos nos aforismos, metáforas e charadas. A literatura que chegou até nós revela que estes enigmas linguísticos acrescentavam imagens e volubilidade às conversas sobre praticamente qualquer assunto. Por exemplo, esta que se refere às nuvens e ao domínio atmosférico: "O que é um pequeno jarro azul-esverdeado repleto de pipoca? Alguém certamente vai deslindar o nosso enigma: é o céu". Brincava-se com o submundo no simples ato de buscar água: "O que é um pequeno jarro de água que se carrega sobre a cabeça e que conhece o reino dos mortos? Pode-se ver pelo nosso pequeno enigma que é o cântaro do oleiro usado para drenar água". E aqui uma metáfora para um resfriado comum: "O que é aquilo que é uma colina na qual há um fluxo? Nosso nariz". Indo para o mundo dos insetos, temos: "O que é aquilo que se move ao pé das montanhas batendo em nossas *tortillas* com suas mãos? Uma borboleta". Aqui uma que avisa o caminhante para ficar alerta: "O que é uma pequena pedra colorida no meio da estrada? Excremento de cachorro". E esta curta porém grande homenagem à planta mais sagrada de todas: "O que é aquilo que se curva sobre nós no mundo inteiro? O pendão do milho".

Os astecas também gostavam de usar provérbios para ensinar, inspirar e descrever a condição humana.

Vejamos esta expressão de orgulho paterno dirigido a uma criança produtiva: "*Ipal nonixpatlaoa*: por sua causa meu rosto se ilumina. Isso era dito quando o filho de alguém – menino ou menina –, ou mesmo algum pupilo, era bem instruído, bem-educado". E esta, referindo-se a uma vida de fama e expressão pública, no tempo dos astecas e mesmo após a chegada dos espanhóis: "*Mixtitlan, aiauhtitlan*: nas nuvens, na névoa. Isso era dito daqueles a quem se estimava muito, dos realmente grandes; daqueles nunca antes vistos, nunca antes conhecidos, jamais vistos em lugar algum em tempos de outrora. Portanto, aqui no México inteiro se dizia que os espanhóis chegaram vindos de dentro das nuvens, de dentro da névoa". E aqui uma avaliação paradoxal: "*Yollotl, eztli*: coração e sangue. Estas palavras eram ditas a respeito do chocolate porque, no passado, ele era precioso e raro. As pessoas comuns e os pobres não o bebiam. Também se dizia que era perturbador e considerado como o cogumelo, porque intoxicava as pessoas". A prática da morte ritual por faca sacrificial tinha seu próprio ditado: "*In ie tlecujlixquac, in ie tlamamatlac*: já à beira do fogo, já na escadaria. Isso era dito sobre aqueles que estavam prestes a serem sacrificados, que já tinham sido levados para morrer; ou que já tinham sido colocados à beira do fogo; estava na hora de sua morte".

Os escribas e a filosofia moral

Quando Bernardino de Sahagún começou o trabalho de evangelização e a pesquisa linguística entre os astecas, ficou fortemente impressionado com suas profundas práticas retóricas. O primeiro manuscrito que produziu, em 1547, continha mais de quarenta *huehuetlatolli*, antigos discursos recuperados a partir de entrevistas com nativos mais velhos. Quando esse material apareceu no Livro 6 do *Códice Florentino*, ele o chamou de "Filosofia Retórica e Moral" devido ao uso rebuscado e altamente formal de paralelismos, metáforas e cuidadosas repetições nas rezas, discursos públicos e decretos. Estas fórmulas retóricas eram instrumentos eficazes na organização do comportamento humano por meio de um imperativo moral. Elas frequentemente continham *difrasismos* ou duplas de metáforas que se combinavam para adquirir um terceiro significado. Seus discursos eram repletos de um simbolismo dual e eram proferidos em muitas ocasiões, inclusive na coroação de um novo soberano, na entrada de um jovem na *calmecac*, num casamento ou durante o trabalho de uma parteira.

Vejamos este discurso proferido por uma parteira para uma mãe que acabara de dar à luz e consideremos de que modo alguns elementos da cosmovisão asteca infiltravam-se nele e guiavam seu propósito principal:

> Minha amada donzela, brava mulher, tu trabalhaste como uma escrava, tu sofreste as dores do parto, tu te tornaste uma guerreira águia, uma guerreira jaguar: tu te elevaste, te agarraste ao escudo, o pequeno escudo. Tu te empenhaste, tu encontraste, imitaste nossa mãe Cihuacoatl, Quilaztli. Agora nosso senhor te colocou sobre a esteira de junco do

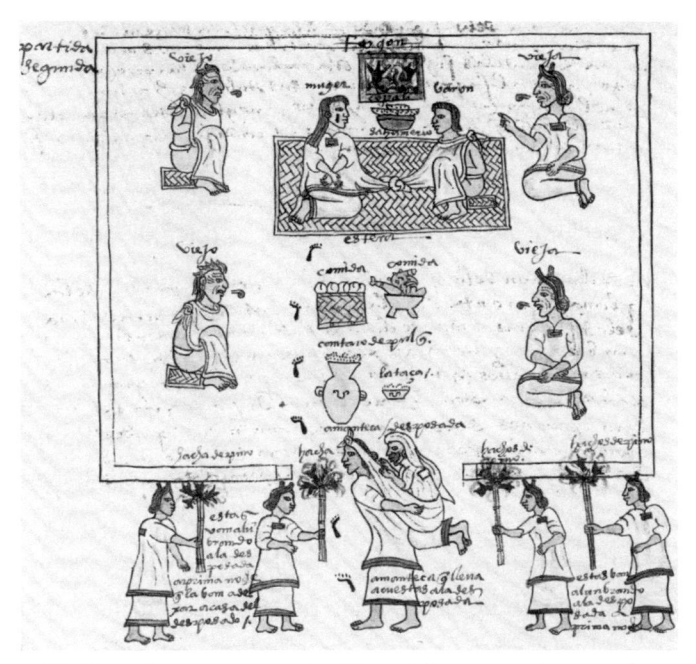

10. Cena de um casamento. Um nó liga os recém-casados sentados no tapete, enquanto seus pais oferecem conselhos, conforme indicado pelos glifos de fala.

guerreiro águia, sobre a esteira de junco do guerreiro jaguar. Retornaste exausta da batalha, minha amada donzela, brava mulher; que sejas bem-vinda.

Este discurso de boas-vindas – para uma mulher que se transformou em mãe – enfatiza sua bravura, que é comparada ao trabalho de parto da deusa-mãe Cihuacoatl--Quilaztli e aos bem-sucedidos esforços bélicos dos dois grandes tipos guerreiros (a águia e o jaguar) dos exércitos astecas. Repetido centenas de vezes por ano nas comunidades astecas, este discurso nos mostra que as palavras são uma forma de arte e que o nascimento de uma criança era profundamente valorizado como um ato de suprema criatividade. Os esforços corajosos e artísticos eram celebrados num momento posterior da cerimônia como sendo a criação dos "preciosos colares", ou seja, as crianças que eram colocadas próximas aos seios, aos ombros e ao pescoço por seus cuidadosos pais, a preciosa criança vista também como continuadora de uma linhagem altamente considerada:

> Aqui a verdade é que, através de nosso senhor, nós [...] vemos em nossos sonhos [...] o rosto de alguém que chegou, o precioso colar, a preciosa pluma, o bebê, aquele que foi descamado. Aqui neste humilde monte de terra, neste humilde recinto de junco, o mestre, nosso senhor o criador, o mestre, Quetzalcoatl, descamou um precioso colar, depositou uma preciosa pluma. Aqui em seu pescoço, em seus seios, em suas mãos ele depositou [...] o incomparável, o maravilhoso, o precioso, o inestimável, o raro.

Os *Huehuetlatlolli* eram cultivados e ensinados por sacerdotes-filósofos chamados *tlamatinime* ("sabedores de coisas"), que eram conhecidos como a encarnação viva da sabedoria e dos caminhos artísticos para se chegar a ela:

> O homem sábio: uma luz, uma tocha, uma tocha resistente que não solta fumaça [...] Suas são as tintas preta e vermelha, seus são os manuscritos ilustrados,

ele estuda os manuscritos ilustrados. Ele mesmo é a escrita e a sabedoria. Ele é o caminho, o verdadeiro caminho para os outros. Ele coloca um espelho em frente aos outros; ele os torna prudentes, cautelosos; ele faz com que neles apareça um rosto.

Estes filósofos-professores eram exemplos de clareza e do caminho para a verdade na terra. Eles eram os homens sábios que não jogavam fumaça nos olhos das pessoas, mas que podiam revelar ao estudante sua verdadeira face ou natureza. A referência às "tintas preta e vermelha" significa que os *tlamatinime* eram os guardiões dos livros que continham a história, a genealogia e a teologia da cultura. O verdadeiro mestre, portanto, era um artista cujas habilidades podiam *sondar a face de outros homens*, ajudando-os a alcançar uma identidade, uma compreensão do que eles eram neste mundo asteca de preciosa impermanência. Um poema do grande rei-sacerdote Nezahualcoyotl (Coiote Faminto) diz melhor:

> Eu entendo o segredo, o oculto:
> Ó meus senhores! Assim somos, mortais, homens por completo,
> Todos teremos que partir, todos teremos que morrer na terra.
> Como uma pintura, seremos apagados.
> Como uma flor, secaremos sobre a terra...
> Pensem nisso, meus senhores, águias e jaguares, mesmo sendo de jade,

Mesmo sendo de ouro, vocês também irão para lá, para o lugar dos descarnados.

Esta é a situação cósmica iluminada pela tocha resistente, que mostra que a vida humana é instável e ilusória. Como é então que se conhece a verdade ou a realidade que existe além deste mundo, ou seja, não apenas o "lugar dos descarnados" ou a morte de Mictlán no submundo? As respostas eram dadas, em parte, através da arte, especialmente a arte das palavras e da linguagem poética, como a dos *huehuetlatolli*. Os *tlamatinime* desenvolveram uma estratégia retórica dirigida à descoberta e à experiência da natureza da verdade, uma sólida fundação no mundo. Eles acreditavam que existia a tal realidade além da existência humana, "na região dos deuses, acima, e na dos mortos, abaixo". Para penetrar nestas regiões e descobrir uma realidade estável, tinham que projetar técnicas para abrir as profundezas da personalidade humana ao profundo mundo da verdade. A técnica principal era a criação de *in xochitl, in cuicatl* (flores e canções) – uma expressão artística em forma de palavras, canções e pinturas que conectava a personalidade humana ("cara e coração") ao divino. O divino, ou a verdadeira fundação do cosmos, era entendido em termos de uma dualidade que impregnava todos os níveis e regiões do mundo. Na cultura asteca, um supremo deus dual, Ometeotl, tinha originalmente criado o cosmos. Essa dualidade se manifestava em combinações do tipo homem/mulher, quente/frio, esquerda/direita, submundo/mundo celestial, acima/abaixo, escuridão/luz, chuva/seca e vida/morte. Para os astecas, os melhores instrumentos para expressar uma dualidade humana que refletisse e comunicasse as dimensões duais da divindade eram as metáforas, que, em geral, consistiam em duas palavras ou expressões que se uniam para formar uma única ideia, como "flor e canção", significando poesia ou verdade. Em outras palavras, a dualidade divina de Ometecuhtli e Omecihuatl, que juntos fizeram Ometeotl, o Doador de Vida, era um *difrasismo*, ou duas coisas que, juntas, significavam uma outra. Outros *difrasismos* populares incluíam os seguintes:

> *in atl*, *in tepetl*: água e montanha: uma cidade
> *in topan*, *in mictlan*: aquilo que está acima de nós e a região dos mortos: o mundo além dos homens
> *topco*, *petlacalco*: na bolsa e na caixa: um segredo
> *in cueitl*, *in huipilli*: a saia, a blusa: a natureza sexual das mulheres

Para que esse conhecimento e os métodos para se chegar a ele fossem efetivamente transmitidos, o trabalho do *tlacuilo* era de crucial importância. Estes artistas que trabalhavam intimamente com o *tlamatinime* eram os criadores dos códices "em fole" e das pinturas murais. De novo, estes professores e artistas tinham como modelo o escriba divino, Ometeotl, o Deus Dual.

> Com flores Tu escreves,
> Ó Doador de Vida;

Com canções Tu emprestas cores,
Com canções Tu proteges
Aqueles que vivem aqui na terra.
Depois Tu extinguirás águias e tigres,
Vivemos apenas em Teu livro de pinturas,
Aqui, na terra.

Este poema retrata Ometeotl, o Deus Dual, como um escritor, um cantor e um pintor. O Doador de Vida é o artista divino que canta e *faz a vida humana passar a existir por meio da pintura em seu livro divino*. A mensagem também é a de que "aqueles que vivem aqui na terra" podem perecer, e existem apenas por um curto período de tempo. O mundo é criado pelas "flores e canções" dos deuses. Se os deuses pintaram o mundo num livro, então o pintor humano, o *tlacuilo*, "aquele que pinta com as tintas vermelha e preta", era o artista mais próximo dos deuses.

A "descoberta" recente de um mapa pictórico indígena revela o quanto havia de informação cultural, ensinamentos, cosmologia e práticas religiosas codificadas nas produções desses pintores do "vermelho e preto". O *Mapa de Cuauhtinchán n.º 2* é um lindo manuscrito pintado da década de 1540, de 90 x 180 centímetros, trazido a público pelo filantropo mexicano Ángeles Espinosa Yglesias. O manuscrito tem mais de setecentas imagens retratando a visão de mundo, as peregrinações, os encontros com diferentes grupos étnicos, os encontros com as divindades e a etnobotânica de povos que, embora anteriores à cultura asteca de Tenochtitlán, acabaram se integrando ao império asteca. O mapa que sobreviveu é, na verdade, de *histórias em imagens*, ou seja, uma grande coleção de nomes de lugares, procissões, catástrofes naturais, descobertas culturais, mitos e eventos que cobrem mais de trezentos anos de história pré-hispânica e um território que se estende por vários estados do México atual. Se essas jornadas, símbolos, práticas e memórias estivessem registradas como num manuscrito europeu, o épico daí resultante bem poderia se comparar às grandes narrativas da *Ilíada* e da *Odisseia*. Ele fala das longas e árduas jornadas dos chichimecas que emergiram do Lugar das Sete Cavernas a pedido de dois sacerdotes toltecas (Lábios de Pluma e Pé de Serpente) de Cholula, uma grande cidade de peregrinação. Escrever através de imagens era não apenas uma maneira de transmitir informações e conhecimento, mas também, como já foi mencionado, uma maneira de levar o "coração", as verdades mais profundas da comunidade e, portanto, de Deus e dos deuses, às mentes de quem visse ou ouvisse essas mensagens. Era este o poder dos pintores de histórias e dos códices, mapas e outras pinturas do conhecimento sagrado.

Escultura: pedras vivas

Quando os espanhóis marcharam da costa de Yucatán até a Bacia do México, ficaram surpresos ao constatar que o grande número e a diversidade de imagens religiosas a decorar casas, cidades, templos, passagens, cavernas e topos de montanhas e encruzilhadas ultrapassavam a sofisticada cultura das imagens religiosas de seu país. Os povos maia, tlaxcala e asteca procuravam contato com os poderes divinos em todo lugar, na forma de imagens – feitas de madeira, terra, pedra e vegetais – de deuses, famílias reais, animais poderosos, o sol, a lua, as estrelas, caranguejos e borboletas, e até mesmo pulgas. Infelizmente, essa esplêndida coleção de esculturas em vários meios foi alvo de uma destrutiva campanha religiosa espanhola contra os "ídolos" e a "idolatria" – termos usados para justificar a aniquilação dos povos indígenas da Nova Espanha e de suas realizações artísticas. Um número surpreendente de esculturas de primeira linha sobreviveu, ou porque foram enterradas pelos próprios nativos durante as várias reconstruções de seus templos, ou porque foram utilizadas como enchimento ou suporte nas fundações de *plazas*, igrejas e prédios cívicos construídos no período colonial.

Tanto a ubiquidade dessas criações artísticas quanto a intensidade dos ataques espanhóis deixam ver seus poderes especiais na imaginação asteca. Esses objetos eram venerados porque eram considerados seres divinos, vivos. Cada escultura, frequentemente adornada com tecidos e flores, era entendida como uma *ixiptla* ou uma imagem divina que era como uma pele ou a concha de um ser sagrado.

Um sinal de que se acreditava que essas esculturas eram habitadas por forças mágicas era a prática asteca de arrebatar as imagens de pedra ou madeira dos templos e territórios dos povos conquistados, carregá-las jubilosamente e depositá-las em algum templo no centro de Tenochtitlán. Essas imagens capturadas assinalavam não só a derrota da cidade que representavam, mas também a aquisição, por parte dos astecas, dos poderes cosmo--mágicos encerrados nas estátuas. À medida que os astecas expandiam as terras de seu império, aumentavam o tamanho de suas construções e reconstruíam o Grande Templo Asteca, também desenvolviam um esplêndido e viril programa artístico que se manifestou de maneira mais vigorosa nas centenas de monumentos que retratavam deuses, guerreiros, governantes e forças cósmicas.

Capítulo 7

A QUEDA DO IMPÉRIO ASTECA

Como pôde o império asteca, com uma poderosa tradição militar, complexas instituições religiosas e sistemas de comércio e espionagem de longo alcance, ser derrotado por um grupo de invasores espanhóis em conflito, em menos de dois anos e em seu próprio terreno? Neste fragmento de uma canção anterior à conquista, os astecas expressavam uma suprema confiança em sua cidade e em sua visão de mundo:

> Orgulhosa de si
> É a cidade de México-Tenochtitlán.
> Aqui ninguém teme morrer na guerra.
> Esta é nossa glória.
> Esta é Sua Ordem,
> Ó, Doador de Vida!
> Tenham isto em mente, Ó príncipes,
> Não esqueçam.
> Quem poderia conquistar Tenochtitlán?
> Quem poderia abalar as fundações do paraíso?

Entre o domingo de Páscoa de 1519 e o dia 13 de agosto de 1521, a capital asteca e sua complexa pirâmide social romperam-se de cima abaixo e transformaram-se profunda e completamente. Na visão triunfal espanhola construída por Bernal Díaz del Castillo, Hernan Cortez e várias gerações posteriores de escritores, as extraordinárias coragem e engenho de quinhentos soldados espanhóis colocaram Tenochtitlán de joelhos – um testamento da superioridade cultural ibérica. No entanto, muitos aspectos desta "conquista" raramente foram bem compreendidos. Embora os espanhóis tivessem uma tecnologia militar superior (canhões, arcabuzes e balistas), seu sucesso deveu-se muito mais aos vastos exércitos indígenas que combateram os astecas ao lado de Cortez e à rápida disseminação de doenças europeias que devastaram a população nativa, incluindo a família real. Outro fator foram eficazes traduções feitas por uma das mais fascinantes figuras femininas da história, Malintzin, conhecida tanto por *doña* Marina quanto por La Malinche. Também vale mencionar a identificação de Cortez com o retorno do homem-deus Quetzalcoatl. A assim chamada conquista foi também uma guerra civil interna e uma rebelião dos povos inimigos dos astecas, que formaram alianças cruciais com os espanhóis e forneceram milhares de guerreiros nativos que combateram sob a liderança de Cortez.

Quando Cortez e seus homens chegaram a Cozumel em 1519, uma das primeiras palavras que eles reconheceram, falada pelos nativos, foi "Castilan" (castelhano). Acabaram descobrindo que dois náufragos espanhóis moravam no continente desde 1511. Procurando terra adentro, Cortez encontrou um deles, um padre espanhol chamado Gerónimo de Aguilar, que vivia como um trabalhador numa comunidade maia e falava esta língua, mas que reteve seu espanhol de origem. Aguilar falou a Cortez de outro sobrevivente, Gonzalo Guerrero, que havia se tornado um chefe guerreiro maia noutra cidade. Ao passo que Aguilar ficou contente em ser resgatado, Guerrero casara-se com uma indígena, tivera filhos com ela, tatuara-se no estilo local e tornara-se um capitão de guerra. Durante o drama social e militar que se seguiu a este encontro, Aguilar ajudou os espanhóis traduzindo para eles informações cruciais, enquanto tentavam formar alianças com algumas comunidades indígenas, algumas das quais nutriam uma profunda antipatia pelos astecas. Guerrero ficou do lado dos maias e ajudou-os a resistir e a lutar contra os espanhóis a qualquer custo. Aparentemente, seu corpo tatuado foi encontrado entre os maias que morreram numa batalha com os espanhóis, ao sul de Yucatán, em 1535.

As três línguas

A subsequente derrota dos nobres e guerreiros astecas e de Motecuhzoma consumou-se por meio de muitas forças, entre elas, e não menos importante, o poder da linguagem. A comunicação entre esses dois povos era extremamente confusa e a incompreensão foi a regra nos primeiros encontros, em parte porque havia três línguas envolvidas, e não duas. A principal pessoa a servir de ponte linguística não foi nem Aguilar nem Cortez, mas Malintzin, a quem os espanhóis chamavam de *doña* Marina. Ela falava tanto um dialeto maia quanto o náuatle dos astecas e acabou aprendendo um espanhol básico. Depois de os espanhóis vencerem uma batalha contra uma comunidade maia, ela e outras mulheres foram dadas a Cortez. Ela se tornou uma de suas amantes e deu à luz seu filho favorito, Martín. Acompanhou os espanhóis ao longo de sua marcha em direção à planície central e desempenhou um papel fundamental durante os encontros entre Cortez e Motecuhzoma. Díaz del Castillo deu a ela grande crédito pelas vitórias espanholas: "Este foi o grande começo de nossas conquistas e assim, com graças a Deus, as coisas prosperaram para nós [...] porque sem o auxílio de *doña* Marina não poderíamos ter entendido a língua da Nova Espanha e do México". Ela é retratada em várias pinturas de artistas nativos e do período colonial no ato de traduzir em encontros cruciais entre os espanhóis e os senhores nativos. Ela é conhecida no México de hoje como La Malinche e foi objeto não apenas de livros derrisórios que a tratam como uma traidora dos nativos mesoamericanos, mas também de livros que a admiram por suas táticas inteligentes e perspicazes na construção de pontes entre as diversas culturas que constituem o México.

O perigoso caminho até a Grande Cidade do México

Já no início das explorações e batalhas dos espanhóis contra os povos maias da costa, circulavam notícias a respeito de um grande e rico reino situado nas terras altas. Cada vez que os invasores pressionavam os chefes locais por mais ouro e bens comerciais, eram encaminhados naquela direção, e Cortez ficou obcecado por encontrar o caminho até o que ele chamava de "Grande Cidade do México". Ao longo do caminho, os espanhóis se deram conta de que havia muitas cidades-Estado cujas intensas rivalidades políticas e econômicas podiam ser utilizadas em seu benefício jogando umas contra as outras, algo que Cortez realizou com notável habilidade. Enquanto isso, Motecuhzoma repetidamente enviava seus nobres para atuarem como espiões nos encontros com os espanhóis, a fim de avaliarem seu poderio militar, e também enviava artistas astecas que, por meio de seu trabalho, forneciam imagens dos navios, armas, armaduras, cães e cavalos. Cortez logo encontrou um povoado, Villa Rica de la Vera Cruz, e através de uma esperta manobra política foi designado como seu representante legal, ignorando desta forma o governador de Cuba, Velásquez, seu protetor e superior, e estabelecendo sua autoridade na Nova Espanha sob as ordens diretas do rei. Cortez rapidamente tratou de fazer uma aliança crucial com os totonacas de Cempoala, que demonstraram querer escapar da dominação asteca. Os totonacas forneceram guerreiros e carregadores, reforçando, assim, a maneabilidade dos espanhóis com seus canhões e suprimentos. Esta aliança foi a primeira de muitas, e as tropas que se dirigiram a Tenochtitlán transformaram-se num exército multiétnico.

O ponto de inflexão decisivo na sorte militar espanhola ocorreu quando Cortez levou seu exército até os arredores de Tlaxcala, uma grande e próspera confederação de quatro províncias. Os tlaxcalas tinham resistido com sucesso à dominação asteca por muitos anos, embora es-

11. *Doña* Marina servindo de intérprete entre os nobres astecas e os espanhóis, redesenhado a partir do *Códice Florentino*.

tivessem cercados por províncias aliadas a Motecuhzoma. Quando recusaram os pedidos de Cortez para formar uma aliança, os espanhóis lançaram uma série de ataques contra eles, que contra-atacaram e começaram a reduzir a vantagem espanhola. Depois de um grande número de baixas em ambos os lados, os dois grupos formaram uma aliança contra os astecas, aliança que se tornou absolutamente crucial para o êxito espanhol nos meses seguintes.

Em seguida este exército multiétnico marchou em direção a Tenochtitlán através de Cholula, o grande centro de peregrinação da Mesoamérica central, que recentemente havia se aliado a Motecuhzoma. Embora aparentasse um desejo de aliança política, Cortez fez seus soldados cercarem e massacrarem um grande grupo de habitantes de Cholula, incluindo mulheres e crianças, reunidos na praça central. Precedidos por sua poderosa reputação militar, os guerreiros espanhóis, tlaxcalas e cempoalas cruzaram as montanhas entre Iztaccihuatl e Popocatepetl e desceram em direção à região dos lagos ao sul da Bacia do México. Enquanto Motecuhzoma aguardava, Cortez levou um considerável contingente de soldados de Iztapalapa até a capital, onde ocorreram as saudações, as trocas de presentes e o grande passeio pela cidade (ver capítulo 1). Motecuhzoma hospedou-os em amplos palácios e seduziu-os com mulheres e suntuosos presentes de ouro e prata. Após algumas semanas, porém, os espanhóis, alertados por rumores de rebeliões, ataques e traições, acabaram por fazer de Motecuhzoma um prisioneiro em seu próprio palácio, onde se tornou um governante fantoche.

Os massacres espanhóis e o assassinato de Motecuhzoma

Em pouco tempo, Cortez ficou sabendo que o governador espanhol de Cuba tinha enviado um novo contingente militar para prendê-lo por ter violado os termos do contrato de sua expedição. Dezenove navios com 1.400 homens armados com vinte canhões, mais centenas de cavaleiros e balisteiros, chegaram à costa e submeteram Cortez ao maior desafio político de sua carreira. Ele enfrentou essas forças rivais com um ataque surpresa e persuasivas histórias de vitórias, heroísmo, riquezas e mulheres. Conseguiu convencer a maioria dos soldados a abandonar seus propósitos iniciais e assim ganhou um exército espanhol três vezes maior do que aquele com o qual havia chegado meses antes. Logo depois de obter este triunfo, chegaram notícias terríveis da capital. Cortez tinha deixado Pedro de Alvarado, seu representante mais hábil e brutal, a cargo de Motecuhzoma, do palácio e da cidade. Díaz del Castillo deixou esta pungente descrição do ocorrido:

> Deixem-me contar como a má sorte subitamente girou a roda, e como após grande ventura e prazer seguiu-se a tristeza, [...] aconteceu que neste momento chegou a notícia de que [a cidade do] México estava em revolta e que Pedro de Alvarado estava sitiado em sua fortaleza, [...] lá chegaram quatro grandes chefes enviados a Cortez pelo grande Motecuhzoma, para reclamar, com lágrimas nos olhos, que Pedro de Alvarado havia saído de seus alojamentos com todos os soldados e, sem motivo nenhum, havia atacado seus Chefes e Caciques, que estavam dançando e celebrando em honra de seus ídolos, e matou-os e feriu muitos deles.

O massacre de centenas de nobres e músicos astecas desarmados durante uma cerimônia anual dedicada ao deus Tezcatlipoca tornou-se um momento infame na memória mexicana, considerado um ato de extrema crueldade por parte dos espanhóis. Segundo vários relatos indígenas, os melhores guerreiros astecas reuniram-se para cantar e dançar "com todo seu coração, para que os espanhóis pudessem se maravilhar com a beleza de seus rituais", mas "naquele momento da festa, quando a dança estava encantadora e quando as canções se ligavam umas às outras, os espanhóis foram tomados pela necessidade de matar os celebrantes". Os espanhóis bloquearam as saídas do recinto cerimonial e atacaram brutalmente os dançarinos e músicos, degolando os tocadores de tambor, estripando homens e mulheres, "suas entranhas penduradas, [...] braços arrancados dos corpos, alguns tentaram fugir arrastando seus intestinos enquanto corriam, [...] pareciam enrolar os pés nas próprias entranhas". Apavorados, alguns dos celebrantes tentaram se esconder fingindo-se de mortos, deitados entre as vítimas. Depois do massacre, mães e pais dos mortos, aos prantos, foram procurar os corpos, que foram recolhidos e incinerados numa cerimônia realizada num santuário chamado Túmulo da Águia.

A hospitalidade e a confusão política dos astecas foram substituídas por uma revolta generalizada contra os espanhóis. Em 24 de junho de 1520, quando Cortez retornou com suas tropas, os astecas tinham transformado a cidade numa armadilha, e a violência logo começou. Os astecas atacaram as ampliadas forças espanholas e tlaxcalas durante 23 dias seguidos, matando-os em seus alojamentos e quando saíam para lutar. Os assassinos astecas escolhiam espanhóis desgarrados e mesmo os mexicas suspeitos de ajudá-los. Quando os astecas recusaram a tentativa de Cortez de negociar sua saída da cidade, este forçou Motecuhzoma a subir num telhado para defender a paz. O *tlatoani* foi então assassinado – alguns dizem que foi estrangulado pelos espanhóis por temerem que ele pudesse incitar uma revolta ainda maior, outros dizem que foi apedrejado até a morte por seus próprios súditos devido à sua fraca liderança. O irmão do governante assassinado, Cuitlahuac, que já tinha insistido na resistência contra os espanhóis, liderou um poderoso ataque e, numa noite chuvosa, expulsou os espanhóis da cidade. Durante aquela que é hoje conhecida como a Noche Triste e nos desesperados dias de retirada que a ela se seguiram, mais de oitocentos espanhóis (incluindo cinco mulheres) e 2 mil guerreiros tlaxcalas foram assassinados. Há relatos de que, durante a Noche Triste, os cadáveres de espanhóis e tlaxcalas encheram os canais de tal forma que os sobreviventes caminhavam pelas águas sobre eles. Cerca de quatrocentos espanhóis, todos feridos, mal conseguiram escapar da cidade e, humilhados e derrotados, arrastaram-se para fora da Bacia do México em direção à região aliada de Tlaxcala, lutando contra os ataques de retaguarda durante a maior parte do caminho. Uma vez chegados a Tlaxcala, trataram de se recuperar por cinco meses e meio e trabalharam intimamente com os nobres e com as unidades militares tlaxcalas para planejar a vingança espanhola na forma de um cerco e invasão de Tenochtitlán.

O cerco e a queda de Tenochtitlán

Os micróbios europeus também foram em auxílio de Cortez e comprovaram ser os mais eficazes guerreiros de todos. Durante aquele período de cinco meses, uma epidemia de varíola alastrou-se pela população asteca, matando guerreiros, nobres e gente do povo. Cuitlahuac, o novo soberano, que havia liderado o ataque a Cortez, morreu dois meses depois. Por mais assombroso que pareça, dentro de um ano quarenta por cento da população indígena do México Central morreu de varíola. Mais tarde, os astecas relembraram sua desgraça: "Havia fome. Muitos morreram de fome. Não havia mais água boa e pura para beber – apenas água nitrosa. Muitos morreram por isso – contraíram disenteria, o que os matou. As pessoas comiam qualquer coisa, inclusive lagartos [...]".

Para assegurar o sucesso do cerco planejado, Cortez tomou duas decisivas decisões militares. Primeiro, ordenou a construção de treze bergantins por carpinteiros espanhóis e tlaxcalas, ainda em Tlaxcala, longe dos olhos dos espiões astecas. Os espanhóis recuperaram velas, âncoras e cordames dos navios que haviam abandonado no litoral, e este equipamento, junto com armas, pólvora, arcabuzes e balistas, foi levado de volta a Tlaxcala. Estes pequenos barcos, de quase treze metros de extensão, construídos em seções, acabaram sendo transportados através das montanhas até a cidade de Tezcoco, onde foram montados. Por vários meses, Cortez liderou um contingente de guerreiros espanhóis e tlaxcalas na circum-navegação da região dos lagos, para espionar as defesas astecas, enfraquecer seus aliados e fazer alianças com seus inimigos, alianças que seriam cruciais na batalha que se aproximava. Quando o cerco e o ataque à cidade começaram, em maio de 1521, os espanhóis contavam com 700 soldados de infantaria, 120 balisteiros e arcabuzeiros e 90 cavaleiros. Cortez dividiu-os em três unidades que atacaram a cidade de três direções diferentes, enquanto os navios, carregados com canhões e forças prontas a desembarcar, andavam pelos lagos. O que assegurou a derrota dos astecas, no entanto, foi o fato de noventa por cento das forças atacantes serem compostas por experientes guerreiros de Tlaxcala e de outras cidades-Estado. As batalhas finais foram tanto uma guerra civil nativa contra os astecas quanto uma conquista espanhola.

A população da cidade encontrava-se em péssimas condições físicas e espirituais quando começou o cerco de três meses. Com seus bergantins, os espanhóis não apenas impediam a entrada de água fresca, mantimentos e transporte na cidade, mas também atacavam em qualquer oportunidade com seus canhões e catapultas, para enfraquecer ainda mais a capital. Inicialmente os astecas rechaçaram os ataques multidirecionais com perdas pesadas para os invasores, e as violentas lutas prosseguiram nos lagos e ao longo das estradas, à medida que as táticas mudavam de lado a lado. Numa cena que simboliza bem as vantagens militares alternadas, os guerreiros espanhóis e tlaxcalas adentraram o centro cerimonial próximo ao Grande Templo de Tenochtitlán, derrotaram os guerreiros astecas e arrastaram um de seus canhões até o topo da grande pedra redonda usada para sacrificar os guerreiros inimigos. Os espanhóis bombardearam repetidamente o Grande Templo, enquanto os sacerdotes tocavam incessantemente seus tambores de guerra, até que os soldados espanhóis subiram, cortaram os sacerdotes em pedaços e atiraram seus corpos pelos lados do templo. Quando sofreram um contra-ataque, os espanhóis fugiram e deixaram para trás o canhão, que foi então capturado pelos astecas e levado para o lago, para que não pudesse ser utilizado outra vez. Os combates corpo a corpo se transformaram em violência generalizada em muitas partes da cidade, à medida que os astecas recuavam lentamente. Eles perderam o controle de vários bairros, ruas e canais, até que fizeram uma última tentativa de resistência perto do mercado imperial de Tlatelolco, onde os bergantins não podiam penetrar.

Estupros, assassinatos e mutilações transformaram Tenochtitlán num campo de morte até que os espanhóis encurralaram o último *tlatoani* asteca, Cuauhtemoc (Águia Mergulhadora), e seus soldados sobreviventes em Tlatelolco. Ali Cuauhtemoc entregou-se a Cortez, desta forma encerrando a resistência asteca e sinalizando a entrega da capital aos invasores. Era o dia 13 de agosto de 1521. Os espanhóis e seus aliados indígenas entraram num frenesi de violência, saqueando casas e palácios e massacrando milhares de pessoas. As mulheres foram brutalmente estupradas e os homens foram marcados a fogo, espancados e forçados à escravidão.

Esta assustadora passagem do *Códice Florentino* marca o nosso adeus à capital asteca:

De sua parte, os homens de Castela procuravam pessoas ao longo das estradas. Procuravam ouro. Jade, plumas de quetzal e turquesas não tinham importância para eles. As mulheres levavam o ouro em seus seios, sob as anáguas, e nós, os homens, o levávamos em nossas bocas ou em nossas *maxtli* [tangas]. E eles também escolhiam entre as mulheres aquelas com a pele mais escura, aquelas com corpos de pele escura. E algumas, durante as pilhagens, cobriam seus rostos com lama e vestiam roupas rasgadas, blusas esfarrapadas. Tudo que vestiam estava em farrapos [...] Todos cobriam o nariz com lenços brancos, pois estavam nauseados com o cheiro dos cadáveres, já em desintegração.

O último governante asteca, Cuauhtemoc, foi depois torturado e enforcado por Cortez, e assim a linhagem da poderosa família real que começara com Acamapichtli chegou a seu trágico fim, um fim que ainda assombra o México e a Espanha. Mas no atual sítio de Tlatelolco há um monumento que anuncia um novo recomeço:

Em 13 de agosto de 1521, heroicamente defendida por Cuauhtemoc, Tlatelolco caiu diante do poder de Cortez. Não foi nem um triunfo nem uma derrota. Foi o nascimento doloroso do povo Mestiço que é o México de hoje.

Capítulo 8

O RETORNO DOS ASTECAS

Na versão de Bernardino de Sahagún da chegada de Cortez ao litoral da Mesoamérica, lemos que Motecuhzoma pensou que "aquele era Topiltzin Quetzalcoatl que voltava à terra". O *tlatoani* asteca seguia a crença indígena segundo a qual o grande homem-deus tolteca tinha vaticinado que voltaria um dia para retomar seu trono e restaurar o fabuloso reino de Tollán. Essa versão, narrada a Sahagún por informantes nativos, resultou em intermináveis debates sobre se a identificação de Cortez com Quetzalcoatl retornando para governar o México foi forjada pelos espanhóis anos depois ou se a corte real de Motecuhzoma realmente chegou a acreditar nisso por algum tempo.

No México de hoje, e entre alguns latinos nos Estados Unidos, ainda se fala que Quetzalcoatl e outras divindades ou heróis astecas podem retornar um dia de alguma forma simbólica e política poderosa. Entre as principais razões para estes constantes encontros com os astecas estão as repetidas descobertas, por parte de arqueólogos mexicanos, de monumentos, prédios e objetos rituais mexicas. Hoje, no México, mais de um milhão de pessoas ainda falam o idioma náuatle, recontam as antigas histórias e executam algumas das práticas rituais nativas de cura. Os mexicanos em geral sentem um profundo orgulho da cultura asteca e aqueles que vivem no México Central inevitavelmente encontram os astecas em zonas arqueológicas, em museus de primeira linha e em seus currículos escolares.

Os astecas na colônia

Quando o arqueólogo Thomas Charlton examinou algumas relíquias coloniais durante escavações realizadas no vale de Teotihuacán, descobriu que os povos nativos continuaram a produzir trabalhos de cerâmica no tradicional estilo asteca pelo século XVII adentro. Apesar da destruição física, das doenças e das conversões religiosas que se impuseram aos povos nativos, suas técnicas artísticas e numerosas atividades cotidianas tiveram continuidade mesmo enquanto os espanhóis assumiam o controle. O trabalho de Charlton, juntamente com os de Michael Smith e Elizabeth Brumfiel, também demonstrou a importância de se olhar para além da cidade cerimonial de Tenochtitlán, de se prestar atenção na vida cotidiana de muitas comunidades rurais produtivas para que se pudesse entender o mundo asteca. Uma das muitas vantagens deste trabalho arqueológico, além dos novos entendimentos sobre a vida das mulheres, a cultura material, a organização social e as relações políticas centro-periferia durante o império asteca, é a significativa evidência arqueológica da vida indígena durante o período colonial. Muitas comunidades nativas, ao continuar produzindo objetos de estilo asteca, não estavam meramente levando adiante tradições de um passado perdido, mas sim procurando maneiras de construir sua própria influência política e seus recursos econômicos, e de exercer algum tipo de controle de suas próprias vidas. Por exemplo, quando os espanhóis introduziram as armas e utensílios domésticos de metal no México, o povo de Xaltocán em grande medida os rejeitou e, em seu lugar, na verdade intensificou a antiga prática de extrair obsidiana e com ela produzir utensílios, assim aumentando sua produtividade e melhorando suas condições econômicas.

Ao contrário dos astecas, que se apropriavam dos deuses dos povos que dominavam, os sacerdotes e leigos cristãos fizeram tudo que podiam para desenraizar e destruir os ritos, as crenças e a iconografia religiosa da Mesoamérica. Mas os frades, mesmo os mais insistentes, eram forçados a fazer adaptações e concessões ao ensinar aos nativos as crenças cristãs em língua náuatle, o que frequentemente resultava na atribuição de novos significados a conceitos como pecado, crucificação, sacrifício, salvação, santos e Deus. Os mesoamericanos resistiam a entrar nestas novas igrejas, e assim os arquitetos criaram capelas abertas que permitiam que um número cada vez maior de índios comparecesse às missas e sermões. Os povos nativos não se aculturaram simplesmente ao catolicismo espanhol, mas combinaram elementos culturais e religiosos indígenas e espanhóis, escolhendo elementos de várias tradições para atender a suas necessidades físicas e espirituais naquela sociedade em mutação. Consideremos, por exemplo, as várias esculturas do início do período colonial que combinavam imagens cristãs e astecas, como a pia batismal de Zinacantepec, em que as imagens de Cristo e de Maria misturam-se aos símbolos de Tlaloc, o deus da chuva. Este tipo de espírito inventivo ocorreu em várias formas de mistura cultural durante o período colonial na Mesoamérica. Um exemplo disto, vivamente representado durante as guerras mexicanas de independência da Espanha no começo do século XIX, é o do padre José María Morelos. Ele foi um dos tantos líderes espirituais e militares dos movimentos de independência que invocaram a linhagem dos heróis astecas e do massacre espanhol no recinto sagrado de Tenochtitlán antes da Noche Triste como modelos e justificativa para a rebelião contra os espanhóis, dizendo: "Espíritos de Motecuhzoma, de Cacamatzin, de Cuauhtimotzin, de Xicotencatl e Catzonzi, celebrai, como celebrastes a dança *mitote* em que fostes dominados pela perfídia de Alvarado, este momento feliz em que vossos filhos se uniram para vingar as injustiças e os ultrajes".

Outro exemplo da persistência dos significados simbólicos indígenas nas eras colonial e moderna encontra-se em alguns *cristos de caña*, figuras em estilo de papel machê do Cristo crucificado feitas de milho, a mais sagrada das plantas indígenas, dentro das quais escondiam-se manuscritos do período colonial computando os onerosos pagamentos de tributos. Quando os artistas nativos criavam essas imagens de Jesus crucificado com uma pasta feita a partir de seu reverenciado milho, estavam ligando o profundo conhecimento que tinham das sementes divinas das plantas com os novos conhecimentos sobre a vida divina dentro de Cristo. O exemplo mais poderoso e penetrante desta mistura de elementos religiosos astecas e espanhóis encontra-se nas aparições da Virgem de Guadalupe em uma colina associada a uma deusa asteca, fora da capital da Nova Espanha, no início do período colonial. Os povos nativos, mestiços e creoles a adotaram como divindade protetora, notando que ela falava náuatle durante as aparições, tinha a pele escura como eles e lhes oferecia compaixão enquanto fazia demandas rituais aos espanhóis. Hoje em dia, em qualquer comunidade mexicana, no mundo inteiro, podem-se encontrar estátuas, imagens e práticas religiosas dedicadas à mais sagrada Mãe do México.

A presença asteca no México atual

Nos últimos cem anos, pintores, compositores, escritores e muitos outros artistas redescobriram as culturas indígenas e incorporaram seus símbolos, mitos e estilos em seus trabalhos. Vários murais de Diego Rivera e de José Clemente Orozco, as pinturas de Frida Kahlo, bem como a moeda, os romances e as danças mexicanas incorporaram rostos, práticas, deuses e motivos mesoamericanos. De tempos em tempos essas criativas obras de arte recebem o estímulo das sensacionais descobertas, no centro da Cidade do México, de pedras, altares e estruturas rituais astecas. Quando a escavação do Grande Templo

Asteca se encontrava em seu auge, de 1978 a 1983, a grande cobertura midiática a respeito deste assunto estimulou milhões de conversas sobre as descobertas mais recentes. O diretor da escavação, ironicamente chamado Eduardo Matos Moctezuma, tornou-se um herói nacional, e milhões de pessoas do México e do mundo inteiro visitam o excelente museu que existe no sítio. Qualquer celebridade ou chefe de Estado que visite o México é levado até a escavação para ver as maravilhas astecas emergindo uma vez mais debaixo da superfície da Cidade do México. No imponente Museu Nacional de Antropologia e História, no Parque de Chapultepec, o passado pré-hispânico do México é exibido em salas espaçosas repletas de exuberantes obras-primas em madeira, pedra, plumas e outros meios. De modo bastante significativo, o museu inteiro se ancora na Sala Mexica, como a dizer que Tenochtitlán e os poderosos astecas são o pivô desta história. Situada no meio da enorme sala, como se estivesse num altar, encontra-se a grande Pedra do Sol, mostrando ao visitante que o México de ontem e de hoje é um lugar de deuses solares, calendários e renascimento.

A língua náuatle emana de topônimos como Coyoacán, Tepeyac, Tlatelolco, Chapultepec, Churubusco e inúmeros outros. O léxico espanhol do México contém mais de três mil "nauatlismos" e várias palavras do inglês se originam do náuatle: *tomato* (de *tomatl*), *coyote* (de *coyotl*), *mole* (de *molli*), *tamale* (de *tamalli*), *cuate* (de *coatl*, significando tanto gêmeo quanto serpente) e *chocolate* (de *chocolatl*).

Hoje, ao visitar o Zócalo, a grande praça central da Cidade do México, pode-se ver e ouvir danças, tambores e cantos energéticos sendo entoados por representantes de um movimento internacional de artistas conhecido como Danzantes. Esses dançarinos emplumados batem os pés em ritmos astecas ao som de trombetas feitas de conchas, tambores de madeira e apitos de cerâmica, em meio a espirais de copal, um tipo de incenso. Tomados pelo espírito New Age, esses dançarinos muitas vezes negam que os sacrifícios humanos tenham acontecido e acreditam que as pirâmides são lugares de poder que os conectam aos espíritos dos grandes senhores *tlatoani* do México asteca. Esse movimento se espalhou por muitas comunidades nos Estados Unidos, e os Danzantes realizam suas práticas rituais em muitas cidades, alegando que retornaram para Aztlán.

Desde o ano 2000, a história asteca tem atraído o interesse mundial, como se pode constatar pelas importantes exposições realizadas em Roma, no Museu Guggenheim de Nova York, no Museu Britânico em Londres, no Museu Getty em Los Angeles e no Museu Field em Chicago. A mostra com maior público teve lugar no Museu de História Natural de Denver, em 1992, em que aproximadamente 800 mil pessoas visitaram uma enorme exposição chamada "Asteca: O Mundo de Moctezuma".

Momentos astecas e a volta de Aztlán

Quando eu tinha treze anos, tive o que chamo de meu primeiro "momento asteca", um momento em que me dei conta de que, para herdar a complexidade e a profundidade da história do México, precisava reconhecer algum tipo de linhagem com os astecas, tanto quanto com os espanhóis. Também me dei conta de que valia a pena estudar os astecas. Minha tia Milena me levou ao velho Museu de Antropologia no centro da Cidade do México e eu pude ver a Pedra do Sol, a grande estátua de Coatlicue, jades maias, códices pintados, pedras sacrificiais e outros fabulosos artefatos culturais do México antigo. No meio das muitas salas contendo as exuberantes, monumentais e delicadas obras de arte astecas, comecei a sentir um enorme desconforto, uma onda de sensações contraditórias. Saindo do prédio, confuso, caminhei pelo Zócalo, perto da Catedral Metropolitana, na área adjacente àquela em que antes se situava o Grande Templo Asteca. Aos poucos me dei conta de que sentia duas poderosas emoções lutando dentro de mim. Por um lado, vi que tinha levado para o museu um sentimento de vergonha em relação à minha ascendência mexicana. Sentia vergonha porque, nas escolas americanas, me ensinavam que a cultura mexicana tinha apenas objetos curiosos, enquanto a cultura romana tinha impérios; que os astecas faziam sacrifícios, ao passo que os gregos faziam filosofia; "Montezuma" provocava "vingança", mas os faraós egípcios eram gênios. Tinha sido ensinado a desprezar os astecas e a adorar as civilizações do Velho Mundo. Mas uma consciência contraditória também apareceu. Olhando ao redor, para a Catedral Metropolitana e o Palácio Nacional, me dei conta de que, noutros tempos, nestes mesmos lugares, viveram artistas, filósofos, reis e arquitetos que projetaram, imaginaram e construíram os tesouros culturais que eu tinha acabado de ver. Tudo isso despertou em mim uma grande curiosidade para aprender tudo que pudesse a respeito das antigas civilizações do México. E quanto mais tempo eu passava no México, mais eu podia perceber como o legado do México asteca vive nas comidas, nos rostos, nas palavras, nos símbolos e nas identidades dos mexicanos contemporâneos. Estes "momentos astecas" de consciência me dominaram outra vez quando eu era estudante de doutorado na Universidade de Chicago e escolhi me concentrar nos estudos sobre religião na Mesoamérica.

Eu não estava sozinho. Entre muitos chicanos e latinos nos Estados Unidos, o emprego e a representação dos topônimos, histórias, símbolos, deuses e deusas astecas estão realmente aumentando. Por exemplo, o símbolo político principal do movimento pelos direitos civis dos mexicanos-americanos ou chicanos dos anos 1960 e 1970 era Aztlán, o fértil lugar de origem de onde os astecas partiram no início de sua longa e árdua jornada em direção a Tenochtitlán. Os mexicanos-americanos, ao perceberem que tinham sido propositalmente deixados de fora das histórias culturais oficiais dos Estados Unidos, voltaram-se para a cultura indígena e colonial mexicana em busca de inspiração, histórias e símbolos. Durante a Conferência Nacional da Juventude Chicana realizada em Denver em 1969, os líderes chicanos leram um manifesto político chamado "O Plano Espiritual de Aztlán", que alegava que o sudoeste americano era o lugar da Aztlán original, o lugar em que tinha que se realizar a luta por justiça legal, territorial e educacional. Desde então, muitos mexicanos-americanos, incluindo grupos de estudantes chamados de MEChA (Movimento Estudantil Chicano de Aztlán), abraçaram o símbolo de Aztlán para expressar algo inerente ao fato de ser um chicano. Centros culturais em todos os Estados Unidos estão cobertos por murais que combinam o simbolismo de Aztlán com imagens de divindades maias e astecas e a vida contemporânea nas comunidades latinas. O principal periódico acadêmico mexicano-americano chama-se *Aztlán*. Entre os recorrentes símbolos astecas encontrados na arte latina estão a águia e a serpente, La Malinche como uma heroína cultural, *calaveras* (caveiras) relembrando os cavaletes de crânios astecas (mas agora representando o sofrimento das vítimas da violência) e as deusas astecas. O tema do cacto florescente é um sinal de que numerosos artistas chicanos apoiam a luta dos trabalhadores agrícolas latino-americanos e também de que valorizam as plantas indígenas na cozinha local e nas práticas de cura. As variadas imagens de deusas mesoamericanas demonstram que estão sendo investigadas novas maneiras de abordar as experiências e poderes das mulheres contemporâneas. De formas diversas, as crenças astecas nos poderes das cavernas subterrâneas, dos ossos e das sementes estão sendo revividas por estes modernos guardiães do "vermelho e preto" que se identificam com o passado mexica.

Para a agradável surpresa de muitos latinos e também de não latinos, diversas comunidades em todos os Estados Unidos agora incluem celebrações festivas e emotivas do Día de los Muertos (Dia dos Mortos) na época do Halloween. Do Museu Peabody de Arqueologia e Etnologia da Universidade de Harvard até a Universidade Estadual de San Diego, as pessoas estão construindo vívidos altares públicos em honra dos mortos recentes e respeitados. Como as famílias que erigem seus altares do Dia dos Mortos em suas casas, essas exibições públicas são um reflexo tanto do Dia de Todos os Santos cristão como dos rituais pré-hispânicos dedicados aos ancestrais. Elas são decoradas com cravos amarelos ou cor de laranja que os astecas chamavam de *cempoalxochitl* (Flor Vinte, significando a completude de uma vida), caveiras de açúcar, oferendas de alimentos e fotografias dos falecidos. Se olharmos com atenção para esses altares, podemos perceber a imagem sensível e bem-humorada de Xolotl, o cão-espírito asteca, parado sobre um pedestal ao largo do rio subterrâneo a caminho de Mictlán, esperando para guiar as almas dos mortos até a outra margem. Os altares festivos enfatizam a imagem asteca de morte e regeneração, em vez da imagem contrária de sacrifício e conquista. Parece que os espíritos de Aztlán estão iniciando uma vez mais a jornada para um mundo novo e repleto de esperança.

12. Um altar do Dia dos Mortos na Cidade do México.

Referências bibliográficas

Capítulo 1

CASTILLO, Bernal Díaz del. *The History of the Conquest of New Spain*. Davíd Carrasco (org.). Albuquerque: University of New Mexico Press, 2008.

SANDERS, William T. "Tenochtitlan in 1519: A Pre-Industrial Megalopolis". *In*: *The Aztec World*. Elizabeth M. Brumfiel e Gary M. Feinman (orgs.). Nova York: Abrams, 2008. p. 67-85.

TAYLOR, William B.; MILLS, Ken. (orgs.) *Colonial Spanish America: A Documentary History*. Wilmington, DE: Scholarly Resources, 1998.

SAHAGÚN, Bernardino de. *Florentine Codex: General History of the Things of New Spain*. Arthur J. O. Anderson e Charles E. Dibble (orgs.), vol. introdutório e 12 livros. Santa Fé, NM: School for American Research and University of Utah, 1950-1982.

MOCTEZUMA, Eduardo Matos. "Templo Mayor: History and Interpretation". *In*: *The Great Temple of Tenochtitlan: Center and Periphery in the Aztec World*. Johanna Broda, Davíd Carrasco e Eduardo Matos Moctezuma (orgs.). Berkeley: University of California Press, 1987. p. 15-60.

MORGAN, Lewis Henry. "Montezuma's Dinner". *In*: *North American Review* 122, 1876. p. 265-308.

LEÓN-PORTILLA, Miguel. *The Broken Spears: The Aztec Account of the Conquest of Mexico*. Boston: Beacon,

1990. [Ed. bras.: *A visão dos vencidos*. A tragédia da conquista narrada pelos astecas. Porto Alegre: L&PM, 1985.]

Capítulo 2

FUENTES, Carlos. *Where the Air Is Clear*. Nova York: Farrar, Straus, and Giroux, 1968. [Tradução de *La región más transparente*. México: Fondo de Cultura Económica, 1958. Um dos poucos livros de Carlos Fuentes sem tradução brasileira. (N.T.)]

BOONE, Elizabeth Hill. *Stories in Red and Black: Pictorial Histories of the Aztecs and Mixtecs*. Austin: University of Texas Press, 2008.

LEIBSOHN, Dana. "Codex Aubin". *In*: *The Oxford Encyclopedia of Mesoamerican Cultures*. Davíd Carrasco (org.), 3 vols., 1. Nova York: Oxford University Press, 2001. p. 60-61.

DURÁN, Diego. *The History of the Indies of New Spain*. Doris Heyden (org.) Norman: University of Oklahoma Press, 1994.

TEZOZÓMOC, Hernando Alvarado. *Crónica mexicayotl*. Cidade do México: Universidad Nacional Autónoma de México, 1998.

SOLÍS, Felipe. "The Art of the Aztec Era". *In*: *The Aztec World*. Elizabeth M. Brumfiel e Gary Feinman (orgs.). Nova York: Abrams, 2008. pp 153-177.

SAHAGÚN, Bernardino de. *Florentine Codex: General History of the Things of New Spain*. Arthur J. O. Anderson e Charles E. Dibble (orgs.), vol. introdutório e 12 livros. Santa Fé, NM: School for American Research and University of Utah, 1950-1982, livro 7.

MILLON, René (org.). *Urbanization at Teotihuacan, Mexico*. 3 vols. Austin: University of Texas Press, 1973.

PASZTORY, Esther. *Teotihuacan: An Experiment in Living*. Norman: University of Oklahoma Press, 1997.

SAHAGÚN, Bernardino de. *Florentine Codex*, livros 3 e 10.

MASTACHE, Alba Guadalupe; COBEAN, Robert H.; HEALAN, Dan M. (orgs.) *Ancient Tollan: Tula and the Toltec Heartland*. Boulder: University Press of Colorado, 2002.

ADOVASIO, James M.; PEDLER, David Pedler. "The Peopling of North America". In: *North American Archaeology*. Timothy R. Pauketat e Diana DiPaolo Loren (orgs.). Malden, MA: Blackwell, 2005. p. 30-55.

CAPÍTULO 3

BERDAN, Frances F. Berdan; ANAWALT, Patricia Rieff. *The Essential Codex Mendoza*. Berkeley: University of California Press, 1996.

PARSONS, Jeffrey. "Environment and Rural Economy". In: *The Aztec World*. Elizabeth M. Brumfiel e Gary Feinman (orgs.). Nova York: Abrams, 2008. pp 23-52.

GILLESPIE, Susan D. *The Aztec Kings: The Construction of Rulership in Mexican History*. Tucson: University of Arizona Press, 1992.

HASSIG, Ross. *Aztec Warfare: Imperial Expansion and Political Control*. Norman: University of Oklahoma, 1995.

BRAY, Warwick. *Everyday Life of the Aztecs*. Nova York: Peter Bedrick, 1991.

TAUBE, Karl. *Aztec and Maya Myths*. Austin: University of Texas Press, 1997.

AVENI, Anthony. *Skywatchers: A Revised and Updated Version of Skywatchers of Ancient Mexico*. Austin: University of Texas Press, 2001.

CAPÍTULO 4

LUJÁN, Leonardo López. *Offerings of the Templo Mayor of Tenochtitlan*. Albuquerque: University of New Mexico Press, 2005.

AUSTIN, Alfredo López. *Human Body and Ideology: Concepts of the Ancient Nahuas*. Salt Lake City: University of Utah Press, 1988.

NICHOLSON, Henry B. "The New Tenochtitlan Templo Mayor Coyolxauhqui-Chantico Monument". *In*: *Indiana (Gedenkschrift Gerdt Kutscher.* Teil 2) 10, 1985. p. 77-98.

AUSTIN, Alfredo López; LUJÁN, Leonardo López. "Aztec Human Sacrifice". *In*: *The Aztec World*. Elizabeth M. Brumfiel e Gary Feinman (orgs.). Nova York: Abrams, 2008. p. 137-152.

SAHAGÚN, Bernardino de. *Florentine Codex: General History of the Things of New Spain*. Arthur J. O. Anderson e Charles E. Dibble (orgs.), vol. introdutório e 12 livros. Santa Fé, NM: School for American Research and University of Utah, 1950-1982, livro 2.

HARNER, Michael. "The Ecological Basis for Aztec Sacrifice". *In*: *American Ethnologist* 4, 1977. p. 117-135.

HARRIS, Marvin. *Cannibals and Kings: The Origins of Culture*. Nova York: Vintage, 1991. [Ed. port.: *Canibais e reis*. Lisboa: Edições 70, 1990.]

MONTELLANO, Bernard Ortiz de. "Counting Skulls: Comment on the Cannibalism Theory of Harner-Harris". *In*: *American Anthropologist* 85, 1983. p. 403-406.

CARRASCO, Davíd. *City of Sacrifice: Violence from the Aztec Empire to the Modern Americas*. Boston: Beacon Books, 2000.

CAPÍTULO 5

BRUMFIEL, Elizabeth. "Aztec Women: Capable Partners and Cosmic Enemies". *In*: *The Aztec World*. Elizabeth M. Brumfiel e Gary Feinman (orgs.). Nova York: Abrams, 2008. p. 87-104.

KLEIN, Cecelia F. "Rethinking Cihuacoatl: Aztec Political Imagery of the Conquered Woman". *In*: *Smoke and Mist: Mesoamerican Studies in Memory of Thelma D. Sullivan*. J. Kathryn Josserand e Karen Dakin (orgs.). Oxford: British Archaeological Reports, International Series 404, 1988. pp 237-277.

NASH, June. "The Aztecs and the Ideology of Male Dominance". *In*: *Signs* 4, 1978. pp 349-362.

MONTELLANO, Bernard Ortiz de. *Aztec Medicine, Health, and Nutrition*. New Brunswick, NJ: Rutgers University Press, 1990.

CAPÍTULO 6

LEÓN-PORTILLA, Miguel. *The Aztec Image of Self and Society: An Introduction to Nahua Culture*. Salt Lake City: University of Utah Press, 1992.

SAHAGÚN, Bernardino de. *Florentine Codex: General History of the Things of New Spain*. Arthur J. O. Anderson e Charles E. Dibble (orgs.), vol. introdutório e 12 livros. Santa Fé, NM: School for American Research and University of Utah, 1950-1982, livro 6.

Boone, Elizabeth. *Stories in Red and Black: Pictorial Histories of the Aztecs and Mixtecs*. Austin: University of Texas Press, 2000.

Carrasco, Davíd; Sessions, Scott. *Cave, City, and Eagle's Nest: An Interpretive Journey through the Mapa de Cuauhtinchan No. 2*. Albuquerque: University of New Mexico Press, 2007.

Moctezuma, Eduardo Matos; Luján, Leonardo López. *Monumental Mexica Sculpture*. Cidade do México: Fundación Conmemoraciones, 2010.

Capítulo 7

Castillo, Bernal Díaz del. *The History of the Conquest of New Spain*. Davíd Carrasco (org.). Albuquerque: University of New Mexico Press, 2008.

Cypess, Sandra Messinger. "La Malinche as Palimpsest II". *In*: Díaz del Castillo, *History of the Conquest of New Spain*. p. 418-438.

León-Portilla, Miguel. *The Broken Spears: The Aztec Account of the Conquest of Mexico*. Boston: Beacon, 1990. [Ed. bras.: *A visão dos vencidos*. A tragédia da conquista narrada pelos astecas. Porto Alegre: L&PM, 1985.]

Cortez, Hernan. *Letters from Mexico*. Anthony Pagden (org.). New Haven, CT: Yale University Press, 2001. [Ed. bras.: *A conquista do México*. Porto Alegre: L&PM, 1986. Trad. Jurandir Soares dos Santos.]

Hassig, Ross. *Mexico and the Spanish Conquest*. Norman: University of Oklahoma Press, 2006.

Capítulo 8

CHARLTON, Thomas; CHARLTON, Cynthia L. Otis; GARCÍA, Patricia Fournier. "The Basin of Mexico ad 1450-1620: Archaeological Dimensions". *In*: *The Postclassic to Spanish-Era Transition in Mesoamerica: Archaeological Perspectives*, Susan Kepecs e Rani T. Alexander (orgs.). Albuquerque: University of New Mexico Press, 2005. p 49-63.

SMITH, Michael E. *Aztecs*. Malden, MA: Blackwell, 2003.

BRUMFIEL, Elizabeth. "Aztec Women: Capable Partners and Cosmic Enemies". *In*: *The Aztec World*. Elizabeth M. Brumfiel e Gary Feinman (orgs.). Nova York: Abrams, 2008. p. 87-104.

BURKHART, Louise. *The Slippery Earth: Nahua-Christian Moral Dialogue in Sixteenth-Century Mexico*. Tucson: University of Arizona Press, 1989.

DE LA VEGA, Luis Laso. *The Story of Guadalupe: Luis Laso de la Vega's Huei tlamahuiçoltica of 1649*. Lisa Sousa, Stafford Poole e James Lockhart (orgs.). Stanford, CA: Stanford University Press; Los Angeles: UCLA Latin American Center Publications, 1998.

BATALLA, Guillermo Bonfil. *México Profundo: Reclaiming a Civilization*. Austin: University of Texas Press, 1996.

CARMICHAEL, Elizabeth; SAYER, Chloë. *The Skeleton at the Feast: The Day of the Dead in Mexico*. Austin: University of Texas Press, 1992.

Leituras complementares

Capítulo 1

Há diversas boas introduções ao simbolismo e à arqueologia do Grande Templo Asteca, incluindo Eduardo Matos Moctezuma, *Life and Death in the Templo Mayor* (Niwot: University Press of Colorado, 1995); Leonardo López Luján, *Offerings of the Templo Mayor of Tenochtitlan*, edição revista (Albuquerque: University of New Mexico Press, 2005); e Johanna Broda, Davíd Carrasco e Eduardo Matos Moctezuma, *The Great Temple of Tenochtitlan: Center and Periphery in the Aztec World* (Berkeley: University of California Press, 1989), especialmente a visão de Broda sobre a cosmovisão e os rituais astecas. Para outros aspectos da vida e da sociedade asteca, ver os excelentes ensaios de *The Aztec World* (Nova York: Abrams, 2008), um catálogo da exposição do Museu Field de Chicago, organizado por Elizabeth M. Brumfiel e Gary M. Feinman, incluindo o convincente ensaio de Michael E. Smith, "The Aztec Empire" (p. 121-136). Para entender as diferentes contribuições dos povos mesoamericanos na construção das primeiras cidades das Américas numa perspectiva comparatista, ver o magistral *The Pivot of the Four Quarters: A Preliminary Enquiry into the Origins and Character of the Ancient Chinese City* (Chicago: Aldine, 1971), de Paul Wheatley. Sobre os inúmeros problemas históricos para a compreensão do que acontecia no México Central durante a invasão espanhola, ver Matthew Restall, *Seven Myths of the Spanish Conquest* (Nova York: Oxford University Press, 2004).

CAPÍTULO 2

Uma visão geral atualizada e muito bem escrita das origens astecas aparece em Richard Townsend, *The Aztecs* (Londres: Thames and Hudson, 2009). Uma nova interpretação do mito de Aztlán aparece no capítulo 5 ("Aztec Moments and Chicano Cosmovision: Aztlan Recalled to Life") de Eduardo Matos Moctezuma e Davíd Carrasco, *Moctezuma's Mexico: Visions of the Aztec World*, edição revista (Niwot: University Press of Colorado, 2003). Para uma discussão bem focada das recentes descobertas sobre o poder militar e a violência ritual em Teotihuacán, ver Saburo Sugiyama, *Human Sacrifice, Militarism, and Rulership: Materialization of State Ideology at the Feathered Serpent Pyramid, Teotihuacan* (Cambridge: Cambridge University Press, 2005). A melhor análise histórica do culto da Serpente Emplumada que influenciou a sociedade asteca é a de Henry B. Nicholson, em *Topiltzin Quetzalcoatl: The Once and Future Lord of the Toltecs* (Boulder: University Press of Colorado, 2001). Maarten Jansen e Gabina Aurora Pérez Jiménez, em *Encounter with the Plumed Serpent: Drama and Power in the Heart of Mesoamerica* (Boulder: University Press of Colorado, 2007), proporcionam uma visão mais ampla do impacto da Serpente Emplumada além da Bacia do México. O profundo significado histórico de Cholula como uma grande capital religiosa é discutido no artigo de Geoffrey G. McCafferty, "Tollan Chollan and the Legacy of Legitimacy during the Classic-Postclassic Transition", em *Mesoamerica's Classic Heritage: From Teotihuacan to the Aztecs*, organizado por Davíd Carrasco, Lindsay Jones e Scott Sessions, p. 341-367 (Boulder: University Press of Colorado, 1999).

CAPÍTULO 3

A linda edição em quatro volumes de *The Codex Mendoza* (Berkeley: University of California Press, 1992), por Frances

F. Berdan e Patricia Rieff Anawalt, inclui um fac-símile colorido e abrangentes análises interpretativas por alguns dos principais estudiosos. A análise mais completa da Cerimônia do Fogo Novo encontra-se no artigo de Johanna Broda, "La fiesta azteca del Fuego Nuevo y el culto de las Pleiades", em *Space and Time in the Cosmovision of Mesoamerica*, organizado por Franz Tichy, 129-158 (Munique: Fink, 1982). Uma boa visão geral das práticas agrícolas encontra-se nos artigos de Teresa Rojas Rabiela, "Agriculture" e "Chinampa Agriculture", em *The Oxford Encyclopedia of Mesoamerican Cultures*, ed. Davíd Carrasco, 3 vols., 1:3-8, 200-201 (Nova York: Oxford University Press, 2001). A ascensão e queda dos reis astecas está mapeada em três importantes estudos: Nigel Davies, *The Aztecs* (Londres: Folio Society, 2000); Michael E. Smith, *The Aztecs* (Malden, MA: Blackwell, 2003) e, com uma reconstrução mais detalhada, em Susan Gillespie, *The Aztec Kings: The Construction of Rulership in Mexican History* (Tucson: University of Arizona Press, 1989). A vida problemática de Motecuhzoma é examinada em Michel Graulich, *Montezuma: Ou l'apogée et la chute de l'empire aztèque* (Paris: Fayard, 1994). Os mais recentes estudos sobre o império tributário dos astecas estão resumidos em Deborah L. Nichols, "Artisans, Markets, and Merchants", em *The Aztec World*, ed. Elizabeth M. Brumfiel and Gary M. Feinman, 105-120 (Nova York: Abrams, 2008). Um acesso à visão de mundo dos astecas pode ser encontrado em Anthony Aveni, *Skywatchers: A Revised and Updated Version of Skywatchers of Ancient Mexico* (Austin: University of Texas Press, 2001).

Capítulo 4

Os melhores e mais recentes estudos sobre a prática do sacrifício ritual aparecem no livro organizado por Leonardo López Luján e Guilhem Olivier, *El sacrificio humano en la tradición religiosa mesoamericana* (Cidade do México: INAH e UNAM, 2010), contendo artigos que interpretam o assassinato ritual de seres humanos ao longo da história e da geografia da Mesoamérica. Eduardo Matos Moctezuma, em *La muerte entre los mexicas* (Cidade do México: Tusquets, 2010), explora o significado da morte e de seus rituais na cidade asteca. Uma excelente visão geral que relaciona a psicologia da violência com as tradições cerimoniais de sacrifício pode ser encontrada em Yólotl González Torres, *El sacrificio humano entre los mexicas* (Cidade do México: Fondo de Cultura Económica, 2006). O livro de Inga Clendinnen, *Aztecs: An Interpretation* (Cambridge: Cambridge University Press, 1995), é um relato elegante dos modos pelos quais o sacrifício estava ligado à vida cotidiana, à estética e à visão de mundo religiosa em Tenochtitlán. Para uma interpretação do sacrifício de guerreiros, mulheres e crianças bem como do canibalismo, ver Davíd Carrasco, *City of Sacrifice: Violence from the Aztec Empire to the Modern Americas* (Boston: Beacon Books, 2000).

CAPÍTULO 5

Os estudos sobre o papel das mulheres no mundo asteca e além estão resumidos em Cecelia Klein, "Gender Studies", *The Oxford Encyclopedia of Mesoamerican Cultures,* Davíd Carrasco (org.), 3 vols., 1:435-438 (Nova York: Oxford University Press, 2001). Susan Kellogg, no artigo "From Parallel and Equivalent to Separate but Unequal: Tenochca Mexica Women, 1500-1700", em *Indian Women of Early Mexico*, Susan Schroeder, Stephanie Wood e Robert Haskett (orgs.), 121-143 (Norman: University of Oklahoma Press, 1997), examina os diferentes papéis e status das mulheres indígenas na transição de Tenochtitlán para a Cidade do México. Karen Vieira Powers, em *Women in the Crucible of Conquest: The Gendered Genesis of Spanish American Society, 1500-1600* (Albuquerque: University of New Mexico, 2005), proporciona um entendimento cultural dos tremendos desafios enfrentados pelas mulheres nos primórdios da sociedade colonial mexicana. Louise Burkhart demonstra como o trabalho doméstico das mulheres astecas tinha dimensões religiosas, no artigo "Mexica Women on the Home Front: Housework and Religion in Aztec Mexico", em Schroeder, Wood e Haskett (orgs.), *Indian Women of Early Mexico*, 25-54. Recentemente, as crianças foram alvo de uma nova atenção em Traci Ardren e Scott R. Hutson (orgs.), *The Social Experience of Childhood in Ancient Mesoamerica* (Boulder: University Press of Colorado, 2006).

Capítulo 6

O mundo estético dos astecas foi pesquisado de maneira criativa na parte 3 ("The Sacred") do livro de Inga Clendinnen, *Aztecs: An Interpretation* (Cambridge: Cambridge University Press, 1991), 211-263. Guilhem Olivier, em *Mockeries and Metamorphoses of an Aztec God: Tezcatlipoca, Lord of the Smoking Mirror* (Boulder: University Press of Colorado, 2003), explora o fascínio dos astecas pelas metáforas e dualidades. Gary Tomlinson, em *The Singing of the New World: Indigenous Voice in the Era of European Contact* (Cambridge: Cambridge University Press, 2007), trabalha habilmente com as fontes coloniais para recuperar a voz asteca na poesia e na canção. Um inovador estudo erudito da poesia nahua aparece em Jongsoo Lee, *The Allure of Nezahualcoyotl: Pre-Hispanic History, Religion, and Nahua Poetics* (Albuquerque: University of New Mexico Press, 2008). As tradições e inovações de várias formas de escrita no México Central foram habilmente sumariadas em Dana Leibsohn, *Script and Glyph: Pre-Hispanic History, Colonial Bookmaking, and the Historia Tolteca-Chichimeca* (Washington, DC: Dumbarton Oaks, 2009).

CAPÍTULO 7

O mais abrangente resumo da queda dos astecas aparece em Ross Hassig, *Mexico and the Spanish Conquest* (Norman: University of Oklahoma Press, 2006). Ver também Serge Gruzinski, *Aztecs: Rise and Fall of an Empire* (Nova York: Abrams; Londres: Thames and Hudson, 1992), para uma interpretação dramática dessa história épica. Para os relatos astecas do encontro entre os espanhóis e as comunidades nativas mesoamericanas, ver Miguel León-Portilla, *The Broken Spears: The Aztec Account of the Conquest of Mexico* (Boston: Beacon, 1990), e James Lockhart, *We People Here: Nahuatl Accounts of the Conquest of Mexico* (Berkeley: University of California Press, 1993). A melhor leitura crítica de um relato espanhol da conquista pode ser encontrada em Cristián Roa de la Carrera, *Histories of Infamy: Francisco López de Gómara and the Ethics of Spanish Imperialism* (Boulder: University Press of Colorado, 2005), que desconstrói os preconceitos e as estratégias literárias do secretário de Cortez. O interesse pelos astecas ultrapassou o campo da escrita histórica e aparece na obra de romancistas, poetas e construtores de mitos culturais. Vários romances a respeito do papel desempenhado pela Malinche foram publicados nos últimos anos, incluindo a obra da autora mexicana Laura Esquivel, *Malinche: A Novel* (Nova York: Atria, 2006). O romance *Aztec* (Nova York: Atheneum, 1980; reeditado por Nova York: Forge, 2007), de Gary Jennings, é de longe a obra de ficção mais lida a respeito de qualquer sociedade mesoamericana, e se baseia numa ampla pesquisa e na vívida imaginação do autor.

Capítulo 8

A melhor introdução a respeito das muitas maneiras pelas quais a história de Aztlán continua a influenciar os estudos acadêmicos e a arte está no livro organizado por Virginia

M. Fields e Victor Zamudio-Taylor, *The Road to Aztlan: Art from a Mythic Homeland* (Los Angeles: Los Angeles County Museum of Art, 2001). Guillermo Bonfil Batalla, em *México Profundo: Reclaiming a Civilization* (Austin: University of Texas Press, 1996), continua a inspirar novas pesquisas sobre a persistência e a mudança das práticas culturais astecas e mesoamericanas nos dias de hoje. A melhor apresentação etnográfica e pictórica dos rituais do Dia dos Mortos aparece em Elizabeth Carmichael e Chloë Sayer, *The Skeleton at the Feast: The Day of the Dead in Mexico* (Austin: University of Texas Press, 1992). O livro de John Phillip Santos, *Places Left Unfinished at the Time of Creation* (Nova York: Penguin, 2000), é um livro de memórias que ilustra lindamente como os latinos contemporâneos, especialmente no Texas, ligam o seu presente aos mundos imaginários de seus ancestrais, possibilitando novas formulações de identidade cultural. O livro de Gloria Anzaldúa, *Borderlands / La Frontera: The New Mestiza* (São Francisco: Aunt Lute, 1987), tornou-se um guia literário e espiritual para os leitores latinos, e baseia-se diretamente nos mitos e imagens astecas. Cherríe Moraga, em *A Xicana Codex of Changing Consciousness: Writings, 2000-2010* (Durham, NC: Duke University Press, 2011), baseia-se nas mensagens e significados dos códices mesoamericanos para iluminar as lutas contemporâneas por criatividade entre as feministas, *queers* e ativistas indígenas chicanas/os.

LISTA DE ILUSTRAÇÕES

1. Mapa de Tenochtitlán (gravura); *Praeclara Ferdinandi Cortesii de Nova Maris Oceani Hispania Narratio* (Nuremberg, 1524) / 12

2. Chicomoztoc (Lugar das Sete Cavernas); *Atlas de Durán*, da edição fac-similar da litografia de Jules Desportes (década de 1880) / 35

3. Mapa da Bacia do México, c. 1519 © Scott Sessions / 40

4. Frontispício do *Códice Mendoza; MS. Arch Selden. A.1, fol. 2r.* © Bodleian Library, Oxford, Inglaterra / 65

5. Maquete do Grande Templo Asteca © Leonardo López Luján, Museo Templo Mayor, Instituto Nacional de Antropologia e História / 83

6. O reino e as conquistas de Motecuhzoma Xocoyotzin no *Códice Mendoza; MS. Arch Selden. A.1, fol. 15v.* © Bodleian Library, Oxford, Inglaterra / 87

7. A Pedra do Sol asteca © Salvador Guilliem Arroyo, Instituto Nacional de Antropologia e História / 105

8. A Pedra de Coyolxauhqui © Salvador Guilliem Arroyo, Instituto Nacional de Antropologia e História / 107

9. Mães astecas ensinando suas filhas no *Códice Mendoza / MS. Arch Selden. A.1, fol. 60r.* © Bodleian Library, Oxford, Inglaterra / 120

10. Cena de um casamento asteca no *Códice Mendoza / MS. Arch Selden. A.1, fol. 61r.* © Bodleian Library, Oxford, Inglaterra / 141

11. *Doña* Marina, redesenhada a partir do *Códice Florentino;* Do livro de Bernardino de Sahagún, *Historia general de las cosas de Nueva España*, organizado por Francisco del Paso y Troncoso (Madri: Hauser y Menet, 1905) / 155

12. Altar do Dia dos Mortos © Scott Sessions / 175

ÍNDICE REMISSIVO

Acamapichtli 43, 72-73, 163
Acosta, José de 59, 60
agave 67, 98, 118-119, 127
agricultura 38, 46, 63, 125, 137
Aguilar, Gerónimo de 151-152
Ahuitzotl 82-85, 89
algodão 11, 17-18, 51, 71, 88, 119
  couraça acolchoada 71, 80
almas (*tonalli, teyolia, ihiyotl*) 71, 122-123, 132-135, 174
  destino após a morte 131-133, 135
Alvarado, Pedro de 157, 167
Américas, origens dos homens e da sociedade nas 21, 55
asteca(s)
  agricultura 66-68
  calendário 64, 90, 125
  canções 108-111, 130
  cosmovisão/visão de mundo 92-94, 96-104, 106-111
  cozinha 17, 68, 118
  discursos 117, 124, 140-142
  economia 86, 88-91
  educação 124-135
  escultura 147-149
  filosofia 139-147
  governantes 69-86
  imagem no pensamento e estudos do passado 21-31
  impacto das doenças europeias nos 19, 23, 67, 151, 160, 165
  jogos de palavras 138-139
  legado cultural 164-174
  migração 32-42
  organização social 36, 41-42, 69, 71, 77
  poesia 19, 136, 143-146, 150
  práticas sacrificiais 92-104, 106-115
  queda dos 150-163
Axayacatl 79-80, 85
Azcapotzalco 43, 72-73, 75-76
Aztlán 9, 32-34, 36-37, 41, 54, 63, 170, 172-174

Bacia do México 29, 32-33, 35, 38, 40, 43, 54-55, 61, 67-68, 71-72, 78, 88, 119, 147, 156, 159
  agricultura na 66-68
  chegada dos astecas na 32-36
  comércio e tributos na 88, 119
  dinâmica política na 72, 79
  mapa da 88, 119
  topografia da 67

Cacamatzin 167
cacau 18, 88
calendário 44, 51, 63, 64, 90, 126, 130

calmecac 97, 129, 134
canções 22, 50, 98, 121, 130, 136, 144, 146, 158
Carlos V 56, 62
casamento 39, 122, 128-129, 140-141
 alianças por 37, 79
catolicismo 21, 166
Catzonzi 167
cavalete(s) de crânios (*tzompantli*) 83-84, 95-97, 173
cempoalas 156
Cerimônia do Fogo Novo 64, 66, 74
Chalchiuhtlicue 123
Chalco 73
Chapultepec 38, 169
chicanos 172-173
Chichihualcuauhco 132
chichimecas 32, 147
Chicomecoatl 123
Chicomoztoc 34-35, 37, 41, 47, 54, 63
Chimalpopoca 74
chinampas 67, 73, 78
Cholula 33-34, 43, 52-54, 147, 156
 Grande Pirâmide de 47
Cihuacoatl-Quilaztli 141
Coatepec 37, 108-111
Coatlicue 24, 109-110, 123
Códice Aubin 34, 37
Códice Florentino 22, 96, 140, 155, 162. *Ver também* Sahagún, Bernardino de

Códice Mendoza 61-63, 65, 68-70, 80, 84, 117, 127
 cerimônia de casamento no 141
 mães ensinando suas filhas no 120
 Motecuhzoma Xocoyotzin no 87
 Tenochtitlán e Tenuch no 65
Códice Xolotl 37
Colhuacán 39, 42-43, 68, 71
comércio 61, 150
Copil 38, 41
Cortez, Hernan 11-12, 15-16, 20-21, 52-53, 56, 85, 86, 116, 151-164
 descrições feitas por 16, 53, 85, 151
 e a queda dos astecas 151-163
 e Cuauhtemoc 162
 e Malinche 15, 151, 153
 e Motecuhzoma Xocoyotzin 15, 84, 153-157, 164
 e Quetzalcoatl 151, 164
cosmovisão/visão de mundo 95
Coyolxauhqui 36-37, 108-111, 113, 123
 Pedra de 107-108, 110
crianças 92, 95, 98, 113, 116-118, 124-126, 128-129, 131-132, 134-135, 142, 156
destino 117
disciplina e castigos 125, 127
educação 124-135

meninas 117-120, 125-126, 139
meninos 117, 123-125, 127-130, 139
morte 132
nascimento 117, 122, 140
sacrifício 66, 92, 95, 98
Cristandade 53. *Ver também* catolicismo
cristos de caña 167
Cuauhtemoc 116, 162-163
Cuextlaxtlán 79
Cuicuilco 29
Cuitlahuac 79, 159-160

Däniken, Erich von 58-59
Danzantes 170
Deuses e deusas. *Ver* divindades
Dia dos Mortos 174-175
Díaz del Castillo, Bernal 11, 16-20, 27, 29-31, 33, 50, 52, 68, 85-86, 93-94, 111, 151, 153, 157
  sobre canibalismo 16, 18
  sobre Malinche 153
  sobre Motecuhzoma Xocoyotzin 86
  sobre o massacre de Alvarado 157-158
  sobre o mercado de Tlatelolco 16-17, 68
  sobre o sacrifício de espanhóis 93, 111
  sobre Tenochtitlán 11, 13-18, 33
Diego, Juan 26

difrasismos 140, 145
discursos 15, 90, 135, 140
divindades (deuses, deusas) 31, 37, 46, 54, 72, 81, 90, 101-102, 123-124, 129, 146, 164, 173
  acesso às 73
  celestiais 72
  da chuva 31, 41, 110, 132, 167
  da Lua 37, 47, 49, 106-107, 123
  deusa-mãe 123, 141
  deusas 123-124, 134, 172-173
  deus protetor 32-34, 36, 38, 91, 109
  do fogo 46, 91, 101, 118
  do milho 97
  dos mercadores 91
  do sol 47
  do submundo 48
  e almas 132
  femininas 24-25, 37, 97, 106-107, 110, 121, 123, 135, 141, 168
  guerreiras 140
  homem-deus 14, 26, 74, 108, 151, 164
  pulque 114, 118, 123
  sacrifício de 47
  terrestres 81, 91
  usurpadores de 98
doenças 19, 23, 67, 91, 95, 128, 132, 151, 165
  europeias 151
Durán, Diego 56, 113

Dürer, Albrecht 56

educação 63, 77, 116, 124, 129, 136
morte 135
El Tajín 30
escolas 42, 96-97, 124, 129-130, 171
escola franciscana de Tlatelolco 62
Mexico Calmecac 97
telpochcalli 130, 134
escultura 25, 29, 81, 107-108, 136-137, 148
Coatlicue 25, 171
Pedra de Coyolxauhqui 107-108, 110
Pedra de Tizoc 81
Pedra do Sol 24, 104-107, 136, 169, 171

Festival do Esfolamento de Homens 111-112
filosofia 26, 136, 139, 171
franciscanos 21
Fuentes, Carlos 32

Gamio, Manuel 28-29
Grande Templo (de Tenochtitlán) 94, 161
arqueologia no 53
como Coatepec (Montanha da Serpente) 37
oferendas 31, 134
sacrifício de espanhóis 77
Guadalupe, Virgem de 26, 123, 168

Güemes Padilla Horcasitas, Juan Vicente de 24
guerra (*teoatltlachinolli*) 96
entre astecas e espanhóis 168
florida 73, 86, 96
guerreiro(s) 11, 22, 31, 34, 37, 47, 66, 69-73, 75-76, 78, 80-84, 93, 95, 98, 103, 109, 111-117, 119, 122, 129-130, 132-134, 141, 149, 151-152, 154, 156, 158-162
águia 46, 124, 129, 141
almas dos 132-133
cabelos (*temillotl*) 69
destino após a morte 131-132
jaguar/leopardo 46, 115, 124, 129, 141
mercadores 89-90
mulheres 35, 109, 116
reis 70-86
sacerdotes 33
sacrifício 111
sacrifício de 31, 37, 73, 96, 98, 103, 112-115, 132
treinamento 73, 125, 129-130
guerreiros 11, 22, 31, 34, 37, 47, 69-73, 75-76, 78, 80-84, 93, 95, 98, 109, 111-116, 119, 122, 129-130, 132-134, 141, 149, 151-152, 154, 156, 158-162
Guerrero, Gonzalo 152

Heyerdahl, Thor 58
huastecas 60
huehuetlatolli 140, 144
Huexotla 37
Huexotzingo 86
Huitzilihuitl 73-74
Huitzilopochtli 31-32, 34, 36, 38-39, 41, 66, 76, 84, 93, 98, 108-112
  canção de 108
  templo de 110
Huixtocihuatl 123
Humboldt, Alexander von 25, 57

Itzcoatl 75-76, 79
Iztaccihuatl 34, 52, 54, 122, 156
Iztapalapa 156

jogos de palavras 130, 138

Kahlo, Frida 168
Kirchhoff, Paul 29-30

Lago Tezcoco 32, 36, 38-39
Las Casas, Bartolomé de 135
latinos 164, 172, 174
León y Gama, Antonio de 24-25
López de Gómara, Francisco 56

maia 30, 49, 57, 148, 152-153
Malinche (Malintzin, *doña* Marina) 151, 153, 173

Mapa de Cuauhtinchán N.º 2 37, 146
Mapa Quinatzin 37
Mapa Sigüenza 37
Martyr, Peter 55
Matos Moctezuma, Eduardo 10, 23, 30, 169
Maxtla 74-75
Mayahuel 123
Mendoza, Antonio de 61-62
mercadores 22, 82, 86, 88-91, 135
  mulheres 119
  pochtecas 82, 88
  tlanecuilo 88
Mesoamérica 9, 13, 24, 26, 29-30, 43-44, 48, 50, 52-53, 55, 72, 84, 94, 156, 164, 166-167, 172
mexicas. *Ver* asteca(s)
Mictlán 84, 131-132, 144, 174. *Ver também* submundo
Mictlantecuhtli 95, 133
Mier, Servando Teresa de 25-26
milho 51, 68, 88, 97, 113, 116, 118, 123, 138, 167
mixtecas (Ñuu Dzaui) 60
Montanha da Serpente 36-37, 108, 110-111
Monte Albán 29-30
Moquihuix 79-80
Morelos, José María 167
Morgan, Lewis H. 26-29
morte 56, 74, 81, 96-97, 102, 104, 111, 126, 128,

131-135, 139, 144-145, 159, 162, 174
destino das almas após a 103, 133-134, 138, 144-145, 158, 174
florida (*xochimiquiztli*) 96
ritual de 46
Motecuhzoma Ilhuicamina 9, 45, 74-76, 79
Motecuhzoma Xocoyotzin 9, 45, 76, 79, 84, 86-87
atividades rituais de 95, 113
com criados e esposas 16, 85
conquistas de 87
e Cortez 16, 85, 152-159, 164
estilo de vida de 85
e Teotihuacán 45
morte de 159
reinado de 85-86
mulheres 18, 22, 68, 85, 92, 98, 112-113, 116-119, 121-123, 128-129, 132, 145, 153, 156-159, 162-163, 165, 173
almas das 122
e a conquista 153, 156, 159, 163
e a guerra 116
e casamento 121, 128
e governantes 16-17
e parto 117, 122, 140
e sacrifício 39, 116, 123
e sacrifícios 98
guerreiras 109
mercadoras e fornecedoras 119
parteiras 116-118, 123, 138
sacerdotisas (*cihuatlamacazqui*) 116, 121
tecelãs 16, 117, 119-120

Nanahuatzin 46, 101
náuatle 9, 10, 14, 67, 152, 164, 166, 168-169
Nezahualcoyotl 75, 78, 143
Noche Triste 19, 159, 167

olmecas 60
Ometeotl 144-146
organização social 165
Orozco, José Clemente 168
Otomí (Ñähñu) 60

pagamento de tributos 73, 77
parteiras 116-118, 121, 123, 126, 138
Pedra do Sol 24, 104-107, 136, 169, 171
pirâmides 11, 17, 52-53, 57-58, 170
  de Cholula 47
  de Teotihuacán 45, 53
  do Egito 53, 57
Plêiades 66
poesia 136-137, 145
Popocatepetl 34, 52, 54, 156
Prescott, William H. 9, 27
pulque (*octli*) 114, 118, 123

Quetzalcoatl 26, 43-44, 49-51, 54, 72, 76, 108, 134, 137, 142, 151, 164
  e São Tomás 26

Topiltzin 43, 50, 134, 164
Quinto Sol 45, 106. *Ver também* Tonatiuh

religião 21, 76, 123, 172. *Ver também* divindades; sacrifício
Rivera, Diego 168

sacrifício
autossacrifício/derramamento de sangue 136
de animais 77, 98, 136
de crianças 66, 92, 95, 98
de deuses 46, 101-103
de escravos 77, 98
de espanhóis 93
de guerreiros 37, 66, 73, 83, 95, 98, 103, 111-113, 132
de mulheres 39, 98, 116, 123
e canibalismo ritual 16, 100, 114
gladiatório 114
humano 21, 37-38, 49, 68, 77, 81, 90, 92-100, 137, 139, 170
no Grande Templo 104, 108, 111
sangue 66, 69, 95, 136
sangue de 98, 103
Sahagún, Bernardino de 22, 46, 50-51, 68, 96, 108, 118, 137, 139, 164, 176. *Ver também Códice Florentino*

sexualidade 123
submundo 41, 47-48, 53, 84, 101-102, 132-133, 138, 144. *Ver também* Mictlán

tarascas 80
Tayueh 74
Tecuciztecatl 46
Templo Mayor 108. *Ver* Grande Templo
Tenayuca 37-38, 71
Tenochtitlán 9, 11-13, 17, 20-21, 30-31, 33-34, 36-37, 40-46, 50, 52, 54, 60-61, 63, 65-66, 70-71, 73-76, 79-81, 83-87, 93-96, 103-104, 110, 115, 146, 149-151, 154, 156, 159-162, 165, 167, 169, 172
cerco e queda de 96, 151, 159-160
chegada dos espanhóis em 67, 73, 76, 139
e a Tríplice Aliança 13, 33, 76-78, 88, 119
e Tlatelolco 13, 79
fundação de 65
história política de 61
imagem no *Códice Mendoza* 61
linhagem urbana de 43
mapa de, por Cortez 12
população de 13
recinto cerimonial 14, 96, 98

tributos pagos a 63, 77
Tenuch 65, 70, 72
Teotihuacán 29-30, 33-34, 43-49, 52-53, 95, 101, 165
  Projeto de Mapeamento de 48
tepanecas 72, 74-75
Teteoinnan 123
Tezcatlipoca 76, 81, 99, 158
Tezcoco 11, 13, 32-33, 36-39, 66, 75, 78, 114, 160
Tezozomoc 72-74
Thevet, André 63-64
Tizaapán 39
Tizoc 70, 80-82
  Pedra de Tizoc 81
Tlacaelel 74-75, 79
Tlacaxipehualiztli 112, 114
Tlachihualtepetl 53
Tlacopán 13, 33, 73, 75
Tlahuizcalpantecuhtli 134
Tlaloc 31, 41, 97, 110, 135, 167
Tlalocán 53, 132
Tlaltecuhtli 91, 124
tlamatinime 136, 142, 144-145
Tlatelolco 13, 16, 19, 33, 42, 62, 68, 74, 79-80, 88, 162-163, 169
  escola franciscana de 62
  e Tenochtitlán 13, 79
  mercado de 16, 42, 162
tlaxcalas 86, 154, 156, 158-161
Tlazolteotl 123, 135
Toci 121, 123

Tollán 50-52, 54, 137, 164
toltecas 26, 42-44, 50-51, 54, 57, 60, 134, 147
Tomás, São 26, 56
Tonatiuh 105, 124. *Ver também* Quinto Sol
Topiltzin Quetzalcoatl 43, 50, 134, 164
totonacas 154
Tríplice Aliança 13, 33, 76-78, 88, 119
Tula 30, 33-34, 38, 43-44, 50-52, 54, 108

V

Vale de Tehuacán 94
Valencia, Martín de 21
Vênus 134

X

Xaltocán 166
Xicotencatl 167
Xipe Totec 112-114
Xochatlalpán 131
Xochiquetzal 123
Xolotl 37, 174

Y

Yacatecuhtli 91
Yohuallahuan 114

Z

zapotecas 49
Zinacantepec 167

lepmeditores

www.lpm.com.br
o site que conta tudo

Impresso na Gráfica BMF
2023